佛經寓言的智慧

Wisdom of Buddhist Scripture

王雅慧——編著

好讀出版

作者序

這是一本心靈點滴的佛教小故事，它的慈、悲、喜、捨，讓我們見證了生活裡的蓮花。

在現今文明高度發展的物質時代裡，人們因生活中快速的步調而顯得慌張不已，因奔馳於外在的追逐而讓心靈迷失了方向，逐漸困惑於外在炫麗的大千世界。

浩瀚的佛教經義中，佛經中的寓言剛好可提供此時期的醍醐灌頂，讓人們在紛亂的世紀裡，從淺顯易懂、生動活潑的文學故事中，得到佛陀的智慧，這些精心挑選的佛經寓言篇章，不僅宣說了佛陀教義，更藉此深入淺出的文學寫作，了解佛陀所說的道理，書中共分四個篇章「智慧篇」、「慈悲篇」、「戒慎篇」、「精進篇」，使人們在不同的時空中能夠獲得不同的心靈體會，讓人們撥開人世的困擾，「佛以一音演說法，眾生隨類各得解。」我們得以從繁雜的人世中當中獲得一種清涼菩提的體悟。

學佛、學佛當然不只是學得外在形式，更重要的是從心靈當中了然頓悟，使學佛真正能夠突破一切生死罣礙，所以希望藉由這本小小的著作，能夠替人們種下菩提種子，使人們心靈萌芽，由知解而行解，由修行而得到佛陀的智慧，讓我們圓融智慧、圓融人生。

目錄

智慧篇

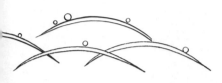

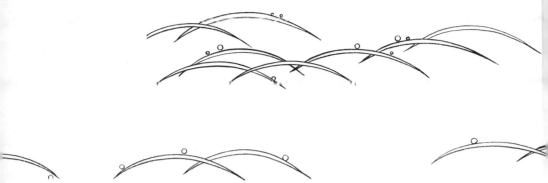

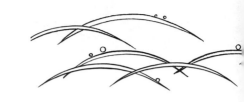

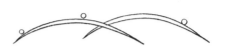

慈悲篇

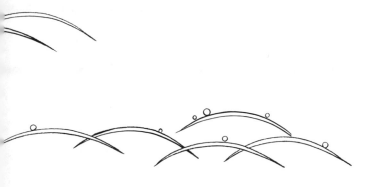

戒慎篇

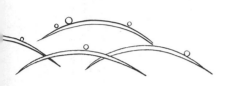

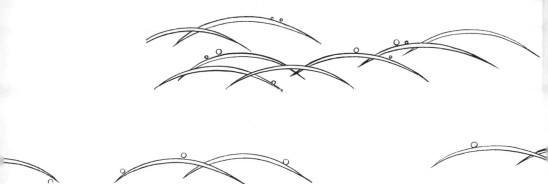

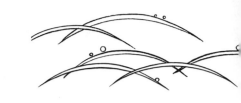

精進篇

智慧篇

無法辨識寶斧，如同無法辨識菩提智慧，
最平淡的日子裡往往蘊藏最多道理，
生活的智慧就在我們身邊，細心觀察把煩惱轉為菩提，
你將因周遭這平凡的事物而豐富。

01

摸象

佛典

有王告一大臣：「汝牽一象以示盲者。」時彼眾盲各以手觸。大王喚眾盲問之：「汝見象類何物？」其觸牙者言：「象形如蘆菔根。」其觸耳者言：「如箕。」其觸腳者言：「如臼。」其觸脊者言：「如床。」其觸腹者言：「如甕。」其觸尾者言：「如繩。」

《涅槃經》

譯文

曾經有國王對臣子說：「你去牽頭象來給盲者，讓盲者來摸。」很多盲者就以他們的手去摸。大王便問盲者說：「你們說說大象像什麼？」摸到象牙的說：「像蘿蔔根。」摸到耳朵的說：「像畚箕。」摸到腳的則說：「像春米的器具。」摸到象背的說：「像床一樣。」摸到大象肚子的則說：「像大甕。」摸到尾巴的就說：「像條繩子。」

智慧小語

每個人對事物的見解都不同，但背後眞正的道理只有一個，如何破除名相，將心念統一不隨外物而浮動，使之回歸到眞正的本體上，則是我們該深思努力的。

02

水的智慧

佛典

時有賈客大人名曰波利，與五百賈人入海求寶。時海神出掬水，問波利言：「海水爲多？掬水爲多？」波利答曰：「掬水爲多。所以者何？海水雖多，無益時用，不能救彼飢渴之人；掬水雖少，值彼渴者，持用與之，以濟其命。」

《法句譬喻經．華香品》

譯文

有一個叫波利的大商人，和五百位商人到海上去尋寶。在大海上碰到海神捧著一捧淡水問波利說：「你說是海水多還是這捧淡水多呢？」波利回答說：「我認為是這捧淡水多，因為海水雖然遼闊眾多，但卻不能飲用，無法救飢渴的人，這捧淡水雖少，若是遇見飢渴的人，反而可以因此得救。」

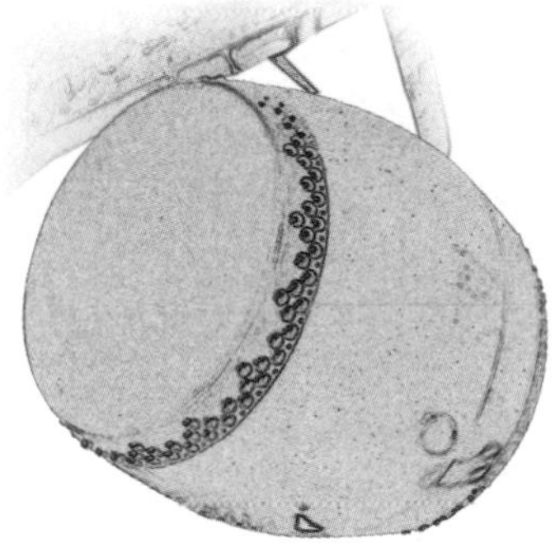

智慧小語

一捧淡水雖平凡無奇，但在遼闊的大海中可以救自己一命，智慧之語雖然平淡無奇，卻能幫助人在困厄之時突破逆境。

03

寶斧

佛典

昔有窮寒孤獨老公，無以自業，偶市得一斧，是眾寶之英，而不識之，持行斫杖賣之，以供微命。用斧欲盡。見外國治生大賈客，名曰薩薄，見斧識之，便問老公：「賣此斧不？」老公言：「我仰此斧，斫杖生活，不賣也。」薩薄復言：「與公絹百匹，何以不賣？」公謂調己，亦不應和。薩薄復言：「何以不見應和？與公二百匹。」公便悵然不樂。薩薄復言：「嫌少當益，公何以不樂？與公五百匹。」公便大啼哭，言：「我不恨絹少。我愚癡：此斧長尺半，斫地已盡；餘有五寸，猶得五百匹，是以爲恨耳！」薩薄復言：「勿復遺恨，今與公千匹。」即便破券持去。此斧眾寶之英耳，薩薄不問多少，以斧著上，薪火燒之，盡成貴寶。

《天尊說阿育王譬喻經》

譯文

從前有個貧窮孤苦的老人，得到一把無價之寶的斧頭，因為他不知道，所以就將斧頭拿去砍柴賣錢，來養活自己。時間一久，斧頭都快要磨平了。外國有個名叫薩薄的大商人，一眼就識出這寶斧，便問老人說：「能否把斧頭賣給我？」老者言：「我靠這斧頭砍柴過活，不可能賣掉。」薩薄說：「我出一百匹布絹，賣給我吧。」老人以為是在戲弄他，並不理會。薩薄又說：「是太少嗎？那給你兩百匹布絹可以嗎？」老人更是悶悶不樂，薩薄又說：「如果還太少，那麼五百匹布絹好了。」老人聽了突然嚎啕大哭說：「我不是認為價錢少，而是怨恨自己太傻，當初這斧頭有一尺半長，到現在只剩下五寸，卻值五百匹布絹，真後悔用去那麼多！」薩薄說：「你不用後悔，我給你一千匹好了。」兩人即成交。原來這把斧頭是無價之寶，不論什麼東西，只要放在斧頭下面，用柴火一燒，都會變成值錢的寶貝啊！

智慧小語

無法辨識寶斧，如同無法辨識菩提智慧，最平淡的日子裡往往蘊藏最多道理，生活的智慧就在我們身邊，細心觀察把煩惱轉爲菩提，你將因周遭這平凡的事物而豐富。

04

五百金的智慧

佛典

昔有國，豐盛安樂，無所渴乏，便語大臣：「遣一可使之臣，至於他國，市吾所無者市來。」即遣一人，往至他國，益將珍寶遍市肆觀看，無有餘物，盡是我國中所有耳。最後，見一賢者，空坐肆上，便問之言：「不見君有所賣，何以空坐？」答言：「在此賣智慧耳！」問曰：「君智何像？賣索幾許？」答言：「吾智慧直五百兩金。前秤爾金，吾當與汝說之耳。」遠人便自念：「我國中無賣智慧與人。」便秤五百兩金與其人。即與說智慧之言。二十字言：「長慮諦思惟，不當卒行怒。今日雖不用，會當有用時。」於是受誦令利，各自還家。臣買得智慧之言，即便還國。道徑其家，夜入明月，婦牀前有兩履，疑有異人，便生惡念。其婦卒得疾病，母往宿。視長者故說智慧之言未休。其母驚覺：「兒爾來歸耶？」兒便走出户，呼：「賤！賤！」母問其言，云何：「汝行爲得何物，何以呼『賤』？」兒言：「我母以婦，萬兩金猶不與人；正顧五百兩金，豈非賤耶？」

《天尊說阿育王譬喻經》

譯文

從前有個國家，人民豐衣足食，什麼都不欠缺，可是國王並不滿足，便對大臣說：「我們該選一個能幹的使者，到國外買些國內沒有的東西回來。」於是就派了使者出國，使者走遍國外，覺得都是國內常見的，後來碰見個老者，空手坐在市場上，便問道：「請問老先生你賣些什麼？」老人答道：「我賣智慧。」使者又問：「你賣的是什麼智慧？值多少錢？」老者說：「我的智慧值五百兩金子，你先把金子秤出來，我才跟你說。」使者心想：「我們國內沒有賣智慧的，肯定價值不凡！」就用五百金買了智慧，老者便告訴使者二十字：「凡事多思考，盡量不發怒，今日雖不用，會當有用時。」使者於是熟背這四句話，回到了國內。

到家時正是半夜時分，卻見床前擺了兩雙鞋，憤怒的使者以為妻子趁自己不在時與外人私通——其實是妻子生重病，母親來照顧她——使者正好想起了二十字真言，反覆背誦之餘驚醒了母親便說：「兒子是你回來了嗎？」兒子直呼說：「真是太便宜了呀！」母親說：「你出國買了什麼東西，為何直說便宜呢？」兒子說：「我的妻子與母親一萬兩也買不到，今天靠五百兩的智慧就保全了，這不是太便宜了嗎？」

智慧小語

《天尊經》以此爲喻，說的是：「一言之助，勝千金之益」。人間好話，往往使人受益無窮。

05

牛奶之喻

佛典

那先言：「譬如人持瓶從牧牛家買乳湩。得湩已，復還寄其主，言：『我今還不久。』其人須臾來還，取瓶湩，湩以轉作酪。買湩家言：『我持湩寄卿，今反持酪還我？』牧牛者言：『是汝故乳，今自轉爲酪。』兩人因共爭訟，相牽詣王前。」那先問王言：「如是，誰爲直者？」王言：「牧牛家爲直。」那先言：「王何以知？」王言：「汝自買湩停置地，自轉成酪，牧牛家當有何過！」

《那先比丘經》

譯文

那先說：「有人拿著瓶子去買牛奶，並將買到的牛奶，寄放在賣牛奶的農家，並告訴農家說是要去辦點事，不久就來取牛奶。但這人回來的時後，因為時間過了太久，牛奶變酸了，就質問農家說：『我把牛奶寄放在這裡，為什麼現在拿酸奶來還我？』農家說：『這本來就是你寄放的牛奶，如今是牛奶自己發酵成酸奶的。』兩人就爭吵起來，要請國王裁決。」那先說：「請問國王該如何處理？」國王說：「這是買牛奶人的錯，將牛奶放這麼久，當然會變成酸奶，農家沒有過失呀。」

智慧小語

因疏忽而將過錯推給人家，生活中我們有多少這樣的毛病卻不自知呢？

06

愚人吃鹽

佛典

田舍人初不識鹽，見貴人以鹽著種種肉菜中而食，問言：「何以故爾？」語言：「此鹽，能令諸物味美故。」此人便念：「此鹽能令諸物美，自味必多。」便空抄鹽，滿口食之，鹹苦傷口，而問言：「汝何以言鹽能作美？」貴人言：「癡人！此當籌量多少，和之令美；云何純食鹽？」

《大智度論》

譯文

有個鄉下人沒見過鹽巴，看到人們把鹽巴灑在食物上以調和五味，就問道：「食物為什麼要放這東西？」別人回答說：「這叫鹽，可使各種食物味道鮮美。」鄉下人就想，既然它可使食物味道鮮美，那本身味道一定更可口！就抓了一大把鹽往嘴裡塞，沒想到鹽又苦又鹹，難吃極了。便埋怨別人說：「你怎麼說這鹽是味道鮮美的呢？」人們回答說：「你這笨蛋，適量的鹽才能使味道鮮美，誰聽過空口吃鹽的？」

智慧小語

適當的鹽可調和美味，適當的步調可以調劑我們身心，中庸的自然之道，可以舒緩我們的心靈。

07

心盲的夫妻

佛典

昔夫婦二人，姿貌端正，威顏具足，眾相備悉，諸根寂靜，共相待敬，終日無厭。如是經曰。夫婦二人，忽然失明，目無所睹。夫婦相戀，恐為人所欺；夫恐失婦，婦恐失夫。坐共相守，不遠斯須。時諸五親遠方求醫，將至失明夫婦所，拊藥治目，尋得開明。夫見婦顏變易非故，舉聲而言：「誰易我婦去？」婦見夫顏狀變易非故，舉聲而言：「誰易我夫？」五親曉曰：「少壯之容，隨日遷轉，氣羸力竭，皮緩面皺；日異日變。以老朽顏，望比少壯，鑽冰求火，不亦謬乎？何為啼哭，自不相識？」

《出曜經》

譯文

一對夫妻兩人容貌端正，姿態秀麗，兩人相敬如賓，互相倚重，這樣過了很長一段時間，有天禍從天降，夫妻兩人都失明了，卻是更加互相眷戀，一刻都不肯分離，深怕因此失去對方，如此過了好幾年。後來夫妻的親戚從遠地請來醫術高超的醫師，將兩人的眼睛治好，當丈夫睜眼看到年華老去的妻子，便心急的喊說：「是誰把我的妻子給換了？」妻子見丈夫容貌也非從前那樣風度翩翩，也高聲叫道：「誰換走我的丈夫？」親戚們就告訴他們說：「你們年輕時的姿態風貌，已經隨著時光的流逝而改變，如今已是變得皮鬆面皺，難道還想以老年之顏尋少年之姿嗎？這好比鑽冰取火，不是太荒唐了嗎？為什麼要哭哭啼啼，不肯相認呢？」

智慧小語

於虛浮幻象中求過去容顏，煩惱怎麼不會產生呢？夫妻雖眼盲，卻不該心盲，要懂得坦然面對現實人生，這也是夫妻的相處之道呀！

08

治根

佛典

有守園人瞻守官園。當園中間，生一毒樹。諸有男女入園遊觀，停息此樹下者，或頭痛欲裂，或腰脊疼痛，或即於樹下便命終者。時守園人知爲毒樹，復見眾人遭諸苦難，即施斧柯。柯長一丈餘，遙斫毒樹。未經旬日，即生如故。然彼毒樹枝葉團足，樹中之妙，眾人見者無不歡喜。其中眾生，不知忌諱，未遭此難，共往奔彼，自蔭其身；影未移間，復遭苦厄。時守園人復於異日以斧往斫，樹生如故。倍復殊妙。彼守園人宗族、五親、妻息、僕使，貪樂樹蔭，盡取命終。其人單孑一己，晝夜愁憂，號悲而行。路遇智者，自陳酸苦，其痛萬端。是時，智者告園人曰：「此眾苦惱，卿自爲耳！夫欲止流莫若高隱，欲伐樹者當盡根原；卿所施功，但種生栽，何言伐樹？汝今速往掘出根本！」

《出曜經》

譯文

守園人看守園子，園子中有一棵毒樹，只要坐在樹底下，就會頭疼得要裂開，或者會腰酸背痛，甚至有人就因此死在樹下了。守園人於是決定砍掉這棵毒樹，他用長過一丈的斧頭，站得遠遠地砍樹，但未經十天，毒樹又跟從前一樣，長得枝葉茂盛，一些不知道的人又到樹下乘涼，於是再度遭殃，守園人仍用斧頭砍樹，但依舊如同以前一般，毒樹長得枝葉茂盛，連守園人的妻兒子女、家族親戚，凡貪圖樹蔭的人們都不幸被毒死了。孤單的守園人，因此悲傷不已，一位路過的智者，便問他為何如此難過，守園人向智者訴說這一切，智者說：「這些苦惱是你自找的，想要擋住流水要用高高的河堤，想要砍掉毒樹就要連根去除，你過去所做的不過是修剪枝葉，哪是伐樹呢？趕快去掘出樹根吧。」

智慧小語

現代人做事常打馬虎眼，想要眞正解決問題，就必須斬草除根，生起精進勇猛之心，是我們該努力的。

09

鳥食

佛典

多捕眾鳥，藏在大器，隨時瞻視，養食以時。毛尾既長，隨時剪落；選其肥者，日用供廚。中有一鳥，內自思惟：「若我食多，肥則致死；若餓不食，復致喪身。宜自料量。少食損膚，衣毛悅澤，當從籠出。」如其所念，即便少食，衣毛悅澤，便從其願。

《出曜經》

譯文

很多鳥被抓到籠子裡，每天按時餵養，羽毛長時便替牠們修短，並且天天挑出肥嘟嘟的鳥，送到廚房做為菜餚，有隻鳥於是想：「我要是吃多了，長胖之後就得喪命，要是不吃，也會餓死，我得計算每天需要吃多少食物就好，少長一些肉，又可使羽毛長得光滑，就可以從籠子裡逃脫。」按照這計畫，小鳥終於逃了出去。

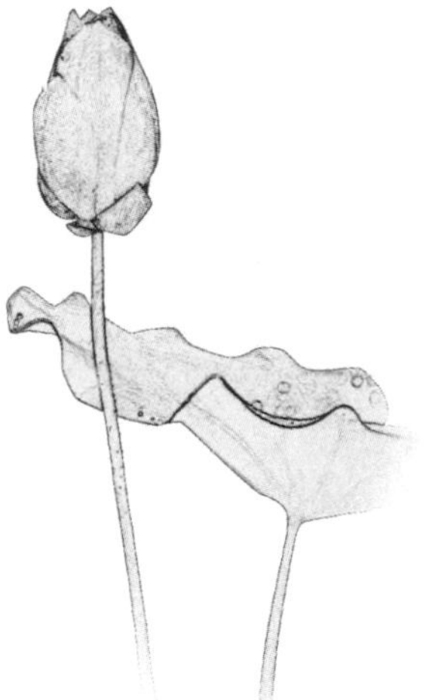

智慧小語

人常陷入不自知的陷阱中而無法回頭，懂得去貪就簡，便可遠離三毒，因之也保住了珍貴的生命。

10

不知死活

佛典

昔有愚人，志性遊蕩，不別是非好惡。見數十人舁死者出城，復値衆人以香華散於死屍。時彼愚人，還家寢臥。先有鬱金華裹懸於屋棟，繩解華散，墮於愚人上。愚人舉身喚家室告曰：「吾今已死，何不舁我捐棄？」家人問曰：「汝云何爲死？」報曰：「汝不見華散我身上乎！」家室答曰：「不以華散身上謂以爲死。所謂死者：無出入息，身如枯木，風去火棄，神識斷去，身體剛強，無所復任。如斯比者，乃謂爲死。汝雖言死像，死而不死。」

《出曜經》

譯文

有個遊手好閒的愚人，一次見到十幾個人抬著棺木送葬，又見眾人將繽紛的花灑在死人的身上。這傻子就在家裡仿效起來，將一包花繞過樑柱，再拉開，花兒落在他身上，他便呼喚妻子說：「我已經死了，怎麼不將我抬出去安葬呢？」妻子說：「你明明就好好的，怎麼說死了呢？」他說：「你沒看到花灑在我身上嗎？」妻子說：「所謂的死，不是指花灑到身上就是了，而是呼吸停止，身體僵硬，思想跟感覺都消失，這才叫死，你現在雖有死的樣子，卻只是徒具形式罷了。」

智慧小語

徒具形式的死亡，有如徒具形式的活著，人生的生老病死其實不用害怕，而生命就在呼吸間，該注意的是掌握時光發奮進取才對。

11

網鳥

佛典

捕鳥師張羅網於澤上，以鳥所食物著其中。眾鳥命侶，競來食之。鳥師引網，眾鳥盡墮網中。時有一鳥，大而多力，身舉此網，與眾俱飛而去。鳥師見影，隨而逐之。有人謂鳥師曰：「鳥飛虛空，而汝步逐，何其愚哉！」鳥師答曰：「不如來告。彼鳥日暮要求栖宿，進趣不同，如是當墮。」其人故逐不止。日已轉暮，仰觀眾鳥，翻飛諍競：或欲趣東，或欲趣西，或望長林，或欲赴淵。諍競不止，須臾便墮。鳥師還得，次而殺之。

《眾經撰雜譬喻》

譯文

捕鳥人在湖畔張開鳥網，鳥網中放著鳥愛吃的食物，許多鳥因而聚集在此，捕鳥人一拉繩子，鳥兒都陷入網中，但其中有一隻大鳥很有力氣，帶著網子一同飛去，網中其他鳥也跟著飛，捕鳥人趕緊跟著追去，有人就說：「鳥在天空飛，你卻在地上追，這不是件很愚蠢的事嗎？」捕鳥人回答說：「不是的，只要到黃昏時，鳥兒自然會找地方休息，一但停下來就各自亂飛，有想停在樹林的，想停在水邊的，那麼就會掉下來了。」果真傍晚時，鳥兒哪裡也去不成，通通掉了下來，被捕鳥人抓了去。

智慧小語

自身分化的下場，終會招致被捕殺的命運。

12

不知分寸的僕人

佛典

昔有大富長者，左右之人欲取其意，皆盡恭敬。長者唾時，左右侍人以腳蹋卻。有一人愚者不及得蹋，而作是言：「若唾地者諸人蹋卻，欲唾之時我當先蹋。」於是，長者正欲咳唾時，此愚人即便舉腳蹋長者口，破唇折齒。長者語愚人言：「汝何以故蹋我唇口？」愚人答言：「若長者唾出口落地，左右諂者已得蹋去，我雖欲蹋每常不及。以是之故，唾欲出口，舉腳先蹋；望得汝意。」

《百喻經》

譯文

從前有個富翁，底下的僕人總是想萬般討好他，一見富翁往地上吐口痰，便一擁而上將痰踏掉。有個不靈光的僕人也想去踏，但老是搶不到，就想：「大家都是等到痰吐在地上才踏，如果在要吐的時候就踏，那我就可以搶到這份差事。」剛好富翁正要吐痰，這僕人便一腳踩到富翁的嘴上，唇破齒折，富翁罵說：「你想造反啊？幹嘛踏我的嘴？」不靈光的僕人回答說：「我怎麼敢呢？主人，因為每次你吐痰的時候，我都搶不到清理痰的機會，所以才先一步踏上你嘴巴清理了痰呀。」

智慧小語

愚笨僕人的奉承之道，實在無法令人苟同，其實只要努力工作，表現得當，主人怎麼會注意不到呢？生活中的工作態度，的確值得引以為鏡。

13

新王

佛典

昔有一國王子，年始七歲，便入深山求學仙道，未曾知朝廷百官之任。後國王壽終，便無堪任爲國王者。群臣共議：「山中仙人本是王子，兼修道德，以此爲王，萬國有賴也。」率土臣民皆出詣山，拜此仙以爲國王，乘以王輿，迎還本國。宣敕食官，妙饌盛味，以饗大王。王以食味可口故，其餘諸物，事事從廚士索之。群臣具皆笑，故謂王曰：「百官之任，各有所主。廚官自主食，衣官自主衣，兵事、寶藏各有所司，不可以食美故責備一人也。」

《雜譬喻經》

譯文

有個王子七歲就入山學道，完全不知朝廷中的文武百官各自的任務和分工。後來國王去世，大臣不知找何人繼位，便想起山中的王子，他們商議著說：「山中仙人本來就是王子，況且修鍊多年也有道行，立他為王再好也不過了！」於是，便到山中迎接王子回國，並用豐盛美味的佳餚款待新國王，由於新國王第一次吃到這樣美味的食物，因此每當他想要什麼，想幹什麼，都找廚官，群臣覺得很好笑，告訴國王說：「文武百官各司其職，廚房只管伙食，衣官管衣服，武官管兵事，請大王不要因食物可口就什麼事都找廚官，這是不對的呀！」

智慧小語

事情要分工合作才容易成功，現代社會每個人都有其扮演的角色，每個人都該盡心盡力，國家的動力就會源源不斷了。

14

熱馬糞的智慧

佛典

昔有田舍人，暫至都下，見被鞭，持熱馬糞塗背。問言：「何故若是？」其人答：「令瘡易瘉而不作瘢。」田舍人密著心中。後歸家，語其家人言：「我至都下，大得智慧。」後家人問言：「得何等智慧？」便呼奴言：「持鞭來，痛與我二百鞭！」奴畏大家，不敢違命，即痛與二百鞭，流血被背。語奴言：「取熱馬糞來爲我塗之，可令易瘉而不作瘢。」語家人言：「汝知之不？此是智慧！」

《雜譬喻經》

譯文

有個鄉下人到了城裡，見到有人被皮鞭打傷了，拿熱馬糞敷在受傷的背上，就問：「為何這樣做？」那人回答說：「這樣可以讓傷口趕快好起來。」鄉下人心中牢記這個訣竅。回家後便跟家人說：「我今天到城裡，得到一個大智慧。」

家人問：「是怎樣的大智慧呢？」他便叫僕人過來說：「拿鞭來，重重打我兩百鞭。」

僕人不敢違背，便重重抽了他兩百卜鞭子，頓時血流滿背。然後他對僕人說：「去拿熱馬糞，敷在我背上，如此傷口就可以很快痊癒而不留下疤痕。」接著又對家人說：「你們瞧，這就是大智慧！」

智慧小語

敷馬糞的模仿「智慧」，眞是教人啼笑皆非，智慧是隨機應變的，逐漸制式化的我們當深思之。

15

賣奶人

佛典

昔天竺國有二貧人，營生計儉，常賣酪自存。二人各頭戴酪瓶，詣市欲賣。時值天雨，道路泥滑。一人有智，自思惟言：「今日泥雨，道路難行，我或傾倒，瓶破失盡。今並出酥，若我當倒，所失無幾。」一人少智，全持詣市。中途泥滑，二人俱倒。一人愁憂涕泣，宛轉臥地；一人都無愁色，亦不懊恨。有人問言：「汝等二人，酪瓶俱破，所失亦等，彼此無異。何故一人獨愁，涕泣懊恨；一人靜然，都無恨色？」一人答曰：「我所持酪，都未出酥，今日瓶破，所失蕩盡。是以懊恨不能自勝。」一人答言：「我所持酪，先已出酥，今瓶雖壞，所失無幾。是以坦然無所恨也。」

《雜譬喻經》

譯文

從前天竺國有兩個窮人，以賣乳酪維生，有次他們頂著奶罐要拿去市場賣，正好碰上下雨，其中一人想：「今天道路泥濘不堪，也許會不小心跌倒，我應該把奶油先取出，免得摔破一切就沒得賣了。」另一人則是整個拿去市場，途中他們果真因路滑而摔倒，奶罐都破了，一人哭得淅瀝嘩啦的，一人卻不覺得怎樣，有人就問說：「你們兩人都打破奶罐，為何你不像他這麼哀傷呢？」一人說：「我的瓶罐中沒有先將奶油取出，所以帶來的一切都損失了。」另一人則回答：「在出發前我就已將奶油先取出了，雖然奶罐打破，損失卻不大。」

智慧小語

防範於未然，這是大家都知曉的觀念，但在急功近利的現代，又有幾人可以做到呢？

16 小兒守火

佛典

梵志以少因緣欲遊人間，語小兒曰：「我有少緣，欲暫出行。汝善守護此火，愼勿使滅。若火滅者，當以鑽鑽木，取火燃之。」具誡敕已，出林遊行。梵志去後，小兒貪戲，不數視火，火遂便滅。小兒戲還，見火已滅，……吹灰求火，不能得已，便以斧劈薪求火，復不能得；又復斬薪，置於臼中，搗以求火，又不能得。爾時，梵志於人間還，詣彼林所，問小兒曰：「吾先敕汝，使守護火，火不滅耶？」小兒對曰：「我向出戲，不時護視，火今以滅。」復問小兒「汝以何方便更求火耶？」小兒報曰：「火出於木。我以斧破木，求火不得火；復斬之令碎，置於臼中，杵搗求火，復不能得。」時彼梵志以鑽鑽木出火，積薪而燃。告小兒曰：「夫欲求火，法應如此，不應破薪杵碎而求。」

《長阿含經》

譯文

有個修道人梵志想要雲遊人間，就交代侍童說：「我有事要出去，你在家好好守護這火，千萬別讓它熄了，若是不小心熄了，就用鑽木來取火吧。」說完，道人便雲遊去了，但侍童卻貪玩沒看著火，火因此就滅了，小童想吹灰燼讓火再燒起來，但沒成功，又想劈柴來求火，當然也不行，想著想著將木頭放在臼裡用杵搗，此舉更是異想天開，道人回來後，便質問：「為何火熄了？」童子回答說：「我因為貪玩忘了看護火，所以就滅了。」道人又問：「你有用什麼方法再生火嗎？」童子回答說：「我看火從木中生，所以剖開木頭找火，但取不出火來，又將木頭搗爛來找，還是取不出火。」這時道人拿起鑽子往木頭上鑽，細細火苗緩緩而生，柴堆就燒了起來，道人便告訴童子，取火應當如此才對。

智慧小語

童子只在表面上求火，卻不知火如何從木中來，追求萬物的道理，要懂得跳脫表相，道理才能撥雲見日出現。

17

水盆

佛典

如世人有三種盆：有一水盆，堅完不損，無有孔裂，亦無滲漏；其第二盆，亦完不破，無有孔裂，少有滲漏；第三盆者，亦破亦漏。「彼人注水，應先何器？」對曰：「先於不破漏者；完器滿已，注第二器，其第二器，雖完不破，然小滲漏；……其第三盆，雖復漏破，亦應注水，爲未漏間暫得用。」

《別譯雜阿含經》

譯文

假如世上有三種水盆，第一種水盆，堅固毫無破損，沒有微小的裂縫，一點也不會漏水，第二種盆則是沒有破損，但有一點小小的裂縫，因此會滲出水來，而第三種盆則是又破又漏。問道：「如果有人要用這三個水盆裝水，該如何是好？」回答說：「先將水倒入堅固不漏的水盆中，倒滿之後，再倒入第二個水盆裡。至於第三個水盆雖然又破又漏，但還是趁它沒漏出水時，暫時用一下。」

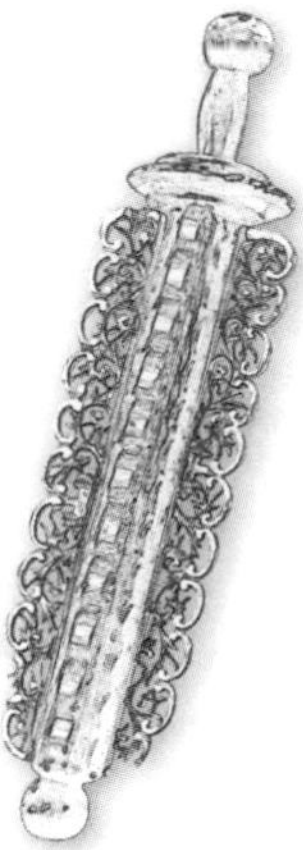

智慧小語

水盆雖然有破與不破之別，人卻沒有殘與不殘之別，不要因外在形貌的限制而忽略自身的才能天性，無論如何都該在有限的生命中將潛能發揮到極致。

18

共命鳥

佛典

昔雪山中有鳥，名爲「共命」，一身二頭。一頭常食美果，欲使身得安隱。一頭便生嫉妒之心，而作是言：「彼常云何食好美果，我不曾得？」即取毒果食之，使二頭俱死。

《雜寶藏經》

譯文

從前雪山裡有一種奇特的鳥叫做「共命鳥」，一個身體卻有兩個頭，其中一顆頭為了照顧好身體，常常吃鮮美的果子，另一邊卻嫉妒起來，想著：「牠為什麼可以吃鮮美的果子，但我卻從沒吃過呢？」妒忌心一起，就吃下一顆有毒的果子，結果兩個頭都被毒死了。

智慧小語

待人退一步，愛人的心就寬一寸，在生命共同體裡才能活得愉快自在。

19

真正的意義

佛典

言「那婆」者凡有四名：一名新，二名九，三名非汝所有，四名不著。如有人言：「我所服者是那婆衣。」難曰：「今汝所著，唯是一衣，云何言九？」笑曰：「我言那婆，乃新衣耳，非謂九也。」難曰：「何名爲新？」答曰：「以那婆毛作，故名新。」問曰：「實無量毛，云何而言那婆毛耶？」答曰：「我先已說，新名那婆，非是數也。」難曰：「今知此衣是汝所有，云何乃言非我衣乎？」答曰：「我言新衣，不言此物非汝所有。」難曰：「今現見汝身著此衣，云何而言不著衣耶？」答曰：「我言新衣，不言不著。」

《方便心論》

譯文

梵文中的「那婆」有四種解釋：一是新之義，二是數字九之義，三為不是自己的意思，四則是不穿戴的意義。如果有人說：「我穿的是『那婆』衣。」別人就會反駁他說：「你只穿一件，怎說是九件？」這人回答說：「我的『那婆』衣是新衣之義，非九件衣服。」「怎說它是新的？」「因為它用許多『那婆』毛織出來的。」「這毛衣明明是用許多毛織出來的，怎說用九根毛織出的呢？」「我說過『那婆』指新之義，不是指數字的九。」旁人又問：「我知道是你的衣服，怎又說不是我的？」「我明明說的是新衣，又不是說它不是我的。」旁人又道：「怪哉！明明你身上穿著衣服，為何說沒穿呢？」這人無奈的說：「我祇說是新衣而已，沒說我不穿衣服啊！」

智慧小語

言語的誤差造成事物的道理不明，能不謹慎爲之嗎？

20

蛤蟆捕蟲

佛典

耕者以犁墾地，蟲從土出，蛤蟆拾呑；復有蛇來，呑食蛤蟆；孔雀飛來，啄食其蛇。

《賢愚經》

譯文

農夫在田地耕種，當翻鬆的泥土跑出一條蟲子，蛤蟆便一口吃下，正好一條蛇路過，又將蛤蟆吃掉，而在天上飛過的孔雀，見著蛇，俯衝而下，吃了蛇飽餐了一頓。

智慧小語

「螳螂捕蟬，黃雀在後。」做事要瞻前顧後，如此才能免去不必要的災難。

21

二鬼爭寶

佛典

二鬼競三種物：謂篋，謂履，謂椎。兩相交爭，揚聲大喚，云：「某方所有婆羅門，彼甚正直，可斷此事。」二鬼舁物，即往彼處，合掌白言：「大婆羅門！汝當爲我均分此物。」婆羅門言：「此微物耳，何須相競，遠來求決？」二鬼說言：「此非小事，最極難得！汝視此篋，則能變現，隨所欲物，皆從中出；此雙履者，人或躡之，則能升天，受諸妙樂；又彼椎者，則能摧伏一切冤敵，皆令退散。」時婆羅門聞是說已，即令二鬼退立一面，「我當爲汝良久思惟，分此三物，各得平等」。彼婆羅門遂著其履，復取椎、篋，乘空而去。二鬼見已，悔令知是三物，爲他所有。

《福蓋正行所集經》

譯文

兩個鬼爭奪三個寶物，一個箱子，一雙鞋，一對椎，在無法決定之下，他們找了婆羅門，說：「正直的人呀，請你幫我們分配。」婆羅門說：「這些小東西有必要爭成這樣嗎？」兩個鬼說：「這可不是小事，這三個寶物，小箱子可以變出所有你想要的東西，這雙鞋則是可以飛上天去聆聽仙樂，而這一柄椎則可降服任何仇敵。」婆羅門一聽就叫兩個鬼站到旁邊去，說：「讓我好好想想，替你們分配。」不料婆羅門迅速套上鞋子，雙手抓起箱子與椎，騰空而去，留下一臉後悔的兩個鬼。

智慧小語

寶物人人想要，但眞正的爭長論短是「貪、嗔、癡」這三念所引起的，因而有人我、是非、內外之爭，在現今社會，不該小心謹慎嗎？

22

挨打的光頭

佛典

昔有愚人，頭上無毛。時有一人，以梨打頭，乃至二三，悉皆傷破。時此愚人，默然忍受，不知避去。傍人見已而語之言：「何不避去；乃住受打，致使頭破？」愚人答言：「如彼人言，憍慢恃力，癡無智慧，見我頭上無有髮毛，謂爲是石，以梨打我頭破乃爾。」傍人語言：「汝自愚癡，云何名彼以爲癡也？汝若不癡，爲他所打，乃至頭破，不知逃避？」

《百喻經》

譯文

呆子光著一顆頭，有個搗蛋的人拿了犁杖打他的頭，打得頭破血流，這呆子卻一步也不讓開，滿頭是血，旁人就問他：「為什麼不躲開，要站在這裡挨打呢？」呆子回答說：「這人仗恃自己力氣大，亂打一通，其實他是個傻子，以為我的頭是石頭，所以才拿犁杖猛打我的頭。」旁人說：「你才是個大傻子，怎只說別人呢？如果你不傻，幹嘛要站在那裡讓他打得頭破血流呢？」

智慧小語

眞正的傻子不會說自己是傻子，固執的人永遠不會承認自己固執，我們該放下固執，才不會在社會上被打得頭破血流呀。

23

誇父

佛典

昔時有人，於眾人中，歎己父德而作是言：「我父慈仁，不害不盜，直作實語，兼行布施。」時有愚人，聞其此語，便作是念，言：「我父德行，復過汝父。」諸人問言：「有何德行，請道其事。」愚人答曰：「我父小來斷絕淫慾，初無染污。」眾人語言：「若斷淫慾，云何生汝？」深爲時人之所怪笑。

《百喻經》

譯文

從前有個人喜歡在眾人面前誇讚自己的父親，他說：「我的父親是如此仁慈，從來不害人也不偷盜，而且相當喜愛救助他人。」有個呆子也想學這人讚嘆父親，他說：「我父親的德行比你父親來得更好。」旁人就問：「你父親有何德行？可否說明一下。」呆子回答說：「我的父親從小就斷除淫慾，不曾被女色誘惑。」眾人聽了大笑起來，說：「若你父親不近女色，哪來你這個兒子！」

智慧小語

情感愛慾是一般人所無法超脫的，私情私慾也易使人痛苦，但聖人覺有情，以透徹無染的大愛來對待世間一切，則是我們該學習的。

24

揚湯止沸

佛典

昔有愚人，煮黑石蜜。有一富人，來至其家。時此愚人便作是念：「我今當取黑石蜜漿與此富人。」即著少水，用置火中；即於火上，以扇扇之，望得使冷。傍人語言：「下不止火，扇之不已，云何得冷？」爾時，人眾悉皆嗤笑。

《百喻經》

譯文

有個呆子正在煮糖水，富翁到他家，呆子心想：「我應該請他喝杯糖水。」就倒了些水下去，鍋裡的糖水在火爐上滾著，呆子一著急，便拿扇子使勁搧，想讓糖水趕快涼下來，別人見著說：「你不滅去底下的火，光用扇子搧，糖水怎麼可能涼呢？」這件事被人家傳為笑柄。

智慧小語

揚湯止沸徒勞無益，做事想要成功，定是從關鍵處下手，不然到頭來只是白忙一場罷了。

25 長高的秘方

佛典

昔有國王，產生一女。喚醫語言：「爲我與藥，立使長大。」醫師答言：「我與良藥，能使即大；但今卒無，方須求索；比得藥頃，王要莫看；待與藥已，然後示王。」於是即便遠方取藥。經十二年，得藥來還，與女令服，將示於王。王見歡喜，即自念言：「實是良醫，與我女藥，能令卒長。」便敕左右，賜以珍寶。時諸人等笑王無智：「不曉籌量生來年月，見其長大，謂是藥力。」

《百喻經》

譯文

從前有個國王，生下一名公主，叫御醫過來說：「給我一種能讓公主立刻長高的藥。」御醫回答說：「我可以給國王一種秘方，讓公主立即長大，只是現在我身邊沒有，得出外尋找，希望國王先不要和公主見面，等到公主服了秘方之後再相見。」於是便動身到遠方找藥，經過了十二年後找到藥回來，給公主服下後，才將公主領到國王面前。國王見了非常高興，自言自語的說：「御醫真是厲害，公主果然一下子長那麼大。」於是命令左右的人，賜給御醫許多珍寶。當時的人就笑國王沒頭腦，不知計算公主的年歲，以為她真是靠御醫的秘方長大的。

智慧小語

不知生命之理，卻相信外力可以改變一切，徒然惹人訕笑，公主長大是因歲月而非秘方，生命茁壯之理是自然而非人爲啊。

26

胡麻子

佛典

昔有愚人，生食胡麻子以爲不美，熬而食之爲美。便生念言：「不如熬而種之，後得美者。」便熬而種之。永無生理。

《百喻經》

譯文

有個傻子，生吃胡麻子時覺得不好吃，便將胡麻子炒熟，吃起來便香噴噴的，於是想：「若我把胡麻子炒熟了再來種，種出來就是香噴噴的芝麻了。」便將芝麻炒熟播種於地，當然是長不出任何東西。

智慧小語

事情有先後之序，若是顛倒自然之理，無異緣木求魚，再怎麼耕種也是不可行的。

27

換鼻樑

佛典

昔有一人，其婦端正，唯其鼻醜。其人外出，見他婦女，面貌端正，其鼻甚好。便作念言：「我今寧可截取其鼻，著我婦面上，不亦好乎？」即截他婦鼻，持來歸家，急喚其婦：「汝速出來，與汝好鼻。」其婦出來，即割其鼻；尋以他鼻著婦面上。既不相著，復失其鼻，唐使其婦受大苦痛。

《百喻經》

譯文

從前有個人的老婆長得十分漂亮，只可惜鼻子醜了點。當他外出時見到另一個女人，覺得她面貌端正，鼻子也長得相當好看，想著：「今若將她的鼻子割下來，安置在我老婆臉上，我老婆不就十全十美了！」隨即就將那婦女的鼻子割了下來，帶回家中，急忙叫他的妻子說：「你趕快出來，我給你找了一個好鼻子。」等他妻子出來，也把她的鼻子割下來，想將別人的鼻子安置在她的臉上，如此一來妻子的鼻子也沒了，只是白白受苦罷了。

智慧小語

人並非能十全十美，為了雕塑這具皮囊，不惜花費重金，百年之後，還是回歸「地、水、火、風」之中，何必計較那麼多呢？

28

牧羊人娶妻

佛典

昔有一人，巧於牧羊，其羊滋多，乃有千萬。極大慳貪，不肯外用。時有一人，善於巧詐，便作方便，往共親友，而語之言：「我今共汝，極成親愛，便爲一體，更無有異。我知彼家有一好女，當爲汝求，可用爲婦。」牧羊之人聞之歡喜，便大與羊及諸財物。其人復言：「汝婦今日已生一子。」牧羊之人未見於婦，聞其已生，心大歡喜，重與彼物。其人後復而語之言：「汝兒生已，今死矣。」牧羊之人聞此人語，便大啼泣，噓欷不已。

《百喻經》

譯文

從前有個牧羊人，擁有許多羊，但是生性吝嗇，任何人都無法從他身上獲得好處。一個狡詐多智的人就想打他的主意，先是和他結成好友，接著又跟他說：「我們這麼要好，如同一家人似的，聽說一戶人家的女兒相當漂亮，我替你說媒，讓她成為你的妻子。」牧羊人非常高興，就送他許多的羊和財寶以為回報，不久之後，那人又跟牧羊人說：「你的妻子已經生下一個兒子。」牧羊人連妻子長什麼樣都不知道，這時又聽說替他生下一個兒子，心裡更樂了，馬上又送他更多的牲畜與財寶。不久，那人又跟牧羊人說：「你兒子出生不久就夭折了。」牧羊人一聽，頓時嚎啕大哭、悲傷不已。

智慧小語

子虛烏有的妻子與小孩，讓牧羊人陷入這場鬧劇中，現今的金光黨，利用人們的貪念爲所欲爲，財富夢一戳破就成過往雲煙，能不引以爲鑑嗎？

29

取水的距離

佛典

昔有一聚落，去王城五由旬，村中有好美水。王敕村人，常使日日送其美水。村人疲苦，悉欲移避，遠此村去。時彼村主語諸人言：「汝等莫去。我當爲汝白王，改五由旬作三由旬，使汝得近，往來不疲。」即往白王。王爲改之，作三由旬。衆人聞已，便大歡喜。有人語言：「此故是本五由旬，更無有異。」雖聞此言，信王語故，終不肯捨。

《百喻經》

譯文

從前有個村莊，村莊有口水質相當甜美的井，國王命令這村裡的人每天都要送水到宮裡去，村人不堪其苦，紛紛想搬離此處，於是村長跟大家說：「我去跟國王稟告，請他將五十里的路程縮短成三十里，讓大家走的路程縮短，奔波不至於疲累。」村長稟告國王之後，國王也就將五十里路改成三十里路，眾人一聽，都十分高興。但有人說：「雖然改成三十里，但距離還是沒變啊。」村裡的人卻相信國王所說的，所以就再也沒人離開村子了。

智慧小語

朝三暮四、自欺欺人的講法，說穿只是一種心理慰藉而已，想要革新突破的我們，千萬不可有這樣阿Q的想法。

30

治禿頭的方法

佛典

昔有一人，頭上無毛：冬則大寒；夏則患熱，兼爲蚊虻之所唼食。晝夜受惱，甚以爲苦。有一醫師，多諸方術。時彼禿人，往至其所，語其醫言：「唯願大師爲我治之！」時彼醫師，亦復頭禿，即便脫帽示之，而語之言：「我亦患之，以爲痛苦。若令我治能得差者，應先自治，以除其患。」

《百喻經》

譯文

有個禿頭的人，因沒有頭髮，寒冬時節頭總是特別冷，夏天時卻特別容易熱，而且還容易遭蚊蟲叮咬，為此他晝夜皆不得安寧，因而他去請教一個醫術精湛的醫生，對醫生說：「希望醫生能夠治好我的禿頭。」這個醫生便脫下帽子說：「其實我也是個禿頭，也深深為此而困擾，如果我能醫好這毛病，我想我會先解決自己的禿頭的。」

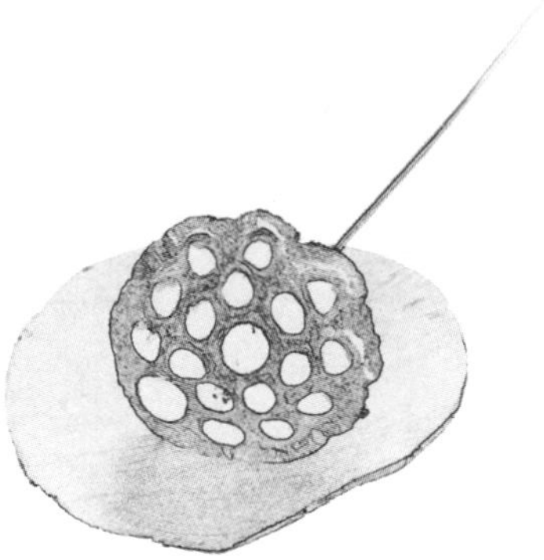

智慧小語

頭禿不禿無所謂，但醫生風趣的對話，則是一種幽默呀。

31

分家的方法

佛典

昔摩羅國有一剎利，得病極重，必知定死，誡敕二子：「我死之後，善分財物。」二子隨教，於其死後，分作二分。兄言弟分不平。爾時，有一愚老人言：「教汝分物，使得平等：現所有物，破作二分。云何破之？所謂衣裳中割作二分，槃瓶亦復中破作二分，所有盆瓨亦破作二分，錢亦破作二分。」如是，一切所有財物，盡皆破之而作二分。如是分物，人所嗤笑。

《百喻經》

譯文

從前摩羅國中有個地主，突然得了重病，且已病入膏肓，就將他兩個兒子叫到床前告誡一番：「如果我不幸死了，你們兩兄弟要公平地分我留下的財產。」不久，地主果真去世了，兩個兒子按照父親所講的要分財產，分家之時，哥哥總認為弟弟得到的比較多，分得不公平。這時有位愚癡的老年人說：「我教你們如何才公平，你們將財產都分成兩半，比如衣裳從中裁成兩半，鍋碗瓢盆也從中剖開，錢也是如此。」於是兄弟兩人真的將所有一切剖成兩半，公平分家，這樣分配財產，鄰里間沒有人不笑他們的。

智慧小語

這種分家產的方式，雖然得到所有東西，但也失去所有東西，家產成為一堆破銅爛鐵，社會中爭奪家產者，要好好深思啊！

32

鬼屋

佛典

昔有故屋，人謂此室常有惡鬼，皆悉怖畏，不敢寢息。時有一人，自謂大膽，而作是言：「我欲入此室中，寄臥一宿。」即入宿止。後有一人，自謂膽勇勝於前人；復聞傍人言「此室中恒有惡鬼」，即欲入中。排門將前。時先入者謂其是鬼，即復推門，遮不聽前。在後來者復謂有鬼，二人鬥爭，遂至天明。既相睹已，方知非鬼。

《百喻經》

譯文

人們傳說有棟老房子常有惡鬼出沒，眾人都非常害怕，有個自稱大膽的人，他說：「我要到這房子裡去住一晚。」隨後就進入了這棟老房子，後來又有一人，自認為自己的膽量比前者來得大，在聽說這是棟鬼屋之下，也跟著進了此屋，當他推門要進入，先前那人以為是鬼，便死命抵住門，不敢讓他進來，後者以為屋裡真有鬼，就使勁地推門，兩人擋擋推推了一夜，一直到天亮之後，才互相看清楚彼此，是人不是鬼。

智慧小語

事物的眞相有時並不那麼可怕，但恐懼心使人喪失理智，徒然受驚。因此，電視的靈異節目也就不是那麼嚇人了。

33

買果

佛典

昔有一長者，遣人持錢至他園中，買菴婆羅果而欲食之。而敕之言：「好甜美者汝當買來。」即便持錢往買其果。果主言：「我此樹果悉皆美好，無一惡者。汝嘗一果，足以知之。」買果者言：「我今當一一嘗之，然後當取；若但嘗一，何以可知。」尋即取果，一一皆嘗，持來歸家。長者見已，惡而不食，便一切都棄。

《百喻經》

譯文

有個長者想要吃菴婆羅果，便派人拿錢去果園買，臨去前還叮嚀說：「記得要挑甜的菴婆羅果買。」於是拿著錢到了果園，果園的主人說：「我這裡的樹結出的果子，保證都是甜的，不信你嚐一個就知道了。」這人說：「那麼我應該每個都咬一口，才能帶回去，否則怎知別的果子是否甜呢？」於是他便將每個要帶回去的水果都咬了一口，確定是甜的，才買下。回到家中，長者一見每個水果均被咬了一口，覺得非常骯髒，就將水果全都丟了，一個也沒吃。

智慧小語

做事要有方法，不懂得隨機抽樣的道理，只能造就一堆爛水果而已。

34

甕中的駱駝頭

佛典

昔有一人，先甕中盛穀。駱駝入頭甕中食穀，又不得出。既不得出，以爲憂惱。有一老人來語之言：「汝莫愁也，我教汝出；汝用我語，必得速出。汝當斬頭，自得出之。」即用其語，以刀斬頭。既復殺駝，而復破甕。如此癡人，世間所笑。

《百喻經》

譯文

有人在甕中裝了穀子，一頭駱駝偷吃甕中的穀子，卻沒想到頭入甕中，就拔不出來，駱駝的主人相當擔憂，有個老人看見這樣情況跟他說：「你不用煩惱，我跟你說一個方法，用我的方法，駱駝的頭很快就會出來了，你只要將牠的頭砍下來不就行了。」他聽了之後，拿著刀往駱駝的脖子砍去，頭立刻掉了下來，甕也摔破了，這樣愚癡的人，無不被天下人笑話。

智慧小語

甕破頭斷，駱駝的頭是取出來了，但也死了一匹駱駝，摔破了一個甕，我們在社會中處理事情時，有多少次落入這樣窠臼中而不自知呀。

35

猴子拾豆子

佛典

昔有一獼猴，持一把豆，誤落一豆在地。便捨手中豆，欲覓其一。未得一豆；先所捨者雞鴨食盡。

《百喻經》

譯文

一隻猴子手裡拿了一把豆子，一不小心掉了一顆豆子，為了找掉下去的，使放開手中的豆子，專心去找那一顆遺落的豆子，結果掉的沒找著，那把豆子也被雞鴨吃得一乾二淨了。

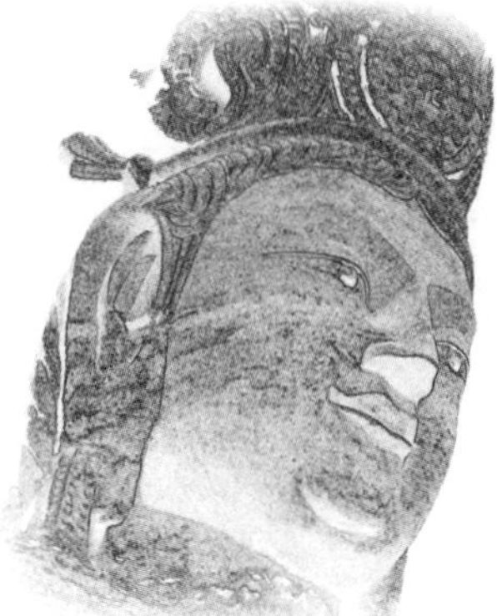

智慧小語

追求事業成功的人們，不惜拋下妻子、離開家庭，但眞正得到了什麼？值得我們深思！

36

群猴跳海

佛典

昔者，海邊有樹木數十里，中有獮猴五百餘頭。時海水上有聚沫，高數十丈，像如雪山，隨潮而來，住於岸邊。諸獮猴見，自相與語：「吾等上是山頭，東西游戲，不亦樂乎？」時一獮猴便上，頭徑下沒水底。眾獮猴見，怪久不出，謂沫山中快樂無極，是以不來。皆競踊跳入沫聚中，一時溺死。

《雜譬喻經》

譯文

從前在海邊有片樹林相當廣大，裡頭住了五百隻獮猴，有次海上聚起數十丈高壯觀的泡沫，皓皓如雪山，隨潮浪而來，且停頓在岸邊，猴子們見著了，互相討論說：「我們到那雪山去玩玩，一定會很快樂。」這時便有一隻獮猴一躍而上，卻是一頭栽入海中，被海水淹死，其他的猴子見牠一直不出來，以為牠在雪山中玩得不亦樂乎！不肯出來，於是競相跳入如雪花的泡沫中，通通被淹死在海裡。

智慧小語

猴子前仆後繼跳入雪山中，遭遇不免令人傷感，人們在不停流轉的世界中追求幻象，在幻象中追求名利，其結果也就可想而知了。

37

烈火鬥乾柴

佛典

猛火與諸乾薪，結期七日，當大戰鬥。爾時，一切乾樹、果木、種種枝葉，悉共合聚，如須彌山。爾時，猛火有一親友，而告之言：「汝今何故不自莊嚴？多覓有救，援助彼眾；汝唯一己，何能當之？」時火答言：「彼怨雖多，我力能敵，不須伴黨。」

《法苑珠林》

譯文

火與木柴約好七天之後要做一場大決鬥，當所有的乾樹、乾草，各種乾枯的枝葉都集合之後，堆積得像須彌山一樣高聳入天，準備和烈火做殊死一戰。烈火的朋友個個都替它擔心，對烈火說：「你怎麼不稍做準備一下？對方已經聚集如此多，你卻只是孤單一個人，怎能贏過對方呢？」烈火回答說：「雖然敵人眾多，但以我的能力來應付綽綽有餘了。」

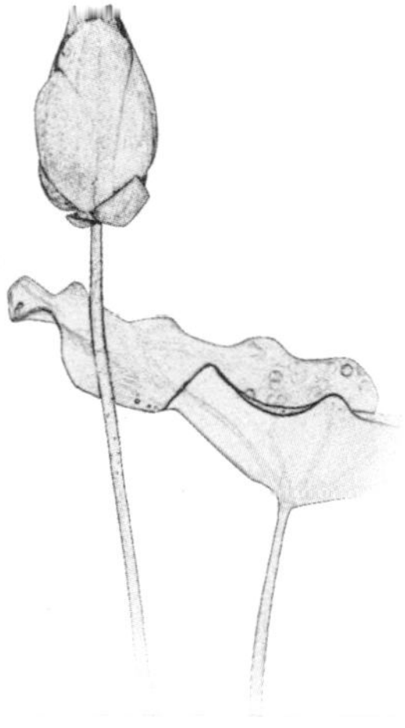

智慧小語

一把小火就能將堆如須彌山之高的木柴化爲灰燼，一個小小的菩提心願就能夠行起菩薩道，我們要時時興起純善的心念，好好把持呀。

38

沉香木

佛典

昔有長者子，入海取沉木。積有年載，方得一車。持來歸家，詣市賣之，以其貴故，卒無買者。經歷多日，不能得售，心生疲厭，以爲苦惱。見人賣炭，時得速售，便生念言：「不如燒之作炭，可得速售。」即燒爲炭，詣市賣之，不得半車炭之價值。

《百喻經》

譯文

長者的兒子，潛入水中採集珍貴的沉香木，經過了一年，才有一車這麼多，他運回家中，並準備送到市場去賣，因為價格太貴，過了很久，一直乏人問津，心中十分懊惱，卻看見旁邊在賣木炭，生意很好，一下子就把木炭賣光了，心想：「不如我將沉香木燒成木炭，一定可以很快賣光。」回家之後，就將一車的沉香木燒成木炭，再送到市場賣，結果一車的沉香木，卻賣不到半車木炭的錢。

智慧小語

物以稀爲貴，利用行銷的觀點，將沉香木分批出售，使市場不至於飽和，還有出售的機會，但將珍貴的沉香木燒作木炭，這種本末倒置的方法，是永遠不會成功的。

39

命令水流

佛典

昔有一人，行來渴乏，見木筩中，有清淨流水，就而飲之。飲水已足，即便舉手，語木筩言：「我已飲竟，水莫復來。」雖作是語，水流如故，便嗔恚言：「我已飲竟，語汝莫來，何以故來？」有人見之言：「汝大愚癡，無有智慧。汝何以不去，語言莫來？」即爲挽卻，牽餘處去。

《百喻經》

譯文

從前一個因日夜趕路而又渴又餓的人，看見路旁有個竹筒不斷流出清淨的水，立刻喝了起來，等到喝飽了之後，就指著竹筒說：「我已經喝飽了，水可以不用再流出來了。」雖然這樣說，但竹筒裡的水依舊不停，這人很生氣地罵：「我說我已經喝夠了，叫你不要再流了，為何你還一直流？」旁人見到這般情景，對他說：「你這個大白癡，一點智慧也沒有，為何你不走開，反叫水不要流呢？」說完，就把這呆子拉到別處去了。

智慧小語

水不因呆子口渴而流，世界也不會因你而停止轉動，水流與時間的前進，只是自然依循天理的運行罷了。

40

訊問偷牛者

佛典

譬如一村，共偷犛牛而共食之。其失牛者，逐跡至村，喚此村人，問其由狀，而語之言：「爾在此村不？」偷者對曰：「我實無村。」又問：「爾村中有池，在此池邊共食牛不？」答言：「無池。」又問：「池傍有樹不？」對言：「無樹。」又問：「偷牛之時，在爾村東不？」對曰：「無東。」又問：「當爾偷牛，非日中時耶？」對曰：「無中。」又問：「縱可無村，及以無樹，何有天下無東？無時？知爾妄語，都不可信。爾偷牛食不？」對言：「實食。」

《百喻經》

譯文

有一村裡的人，共同偷了一隻犛牛並將牠給吃了，牛主人跟隨足跡來到這村子，叫出村裡的人，詢問村子的狀況，對村人問：「我不見的牛是不是在你們村裡？」村人回答說：「我們這裡沒有村子。」又問：「村子旁邊有口水池，你們就在水池旁吃掉犛牛，對不對？」回答說：「我們這裡沒有水池呀。」牛主人又問：「水池旁有棵樹對不對？」答說：「我們這裡沒有樹呀。」又問：「你們是不是在村子的東邊偷牛的？」回答說：「我們這裡沒有東邊。」又問：「你們偷牛的時候，是在中午時刻，是不是？」回答說：「我們這裡沒有中午呀。」

又問：「雖說沒有村子、沒有樹，可是天地怎麼會沒有東邊？沒有中午呢？你們一定說謊，不能相信，說！牛是不是你們偷的？」村人無以辯解，只好俯首認罪了。

智慧小語

人心無厭足，爲了偷一頭牛，連天地之理都想欺騙，所謂「勿以惡小而爲之，勿以善小而不爲。」這樣擴張下去，豈不埋沒良心道德了？

41

創造萬物

佛典

婆羅門眾皆言，大梵天王是世間父，能造萬物，造萬物主者。有弟子言：「我亦能造萬物。」實是愚癡，自謂有智。語梵天言：「我欲造萬物。」梵天王語言：「莫作此意，汝不能造。」不用天語，便欲造物。梵天見其弟子所造之物，即語之言：「汝作頭太大，作項極小；作手太大，作臂極小；作腳極小，作踵極大。」

《百喻經》

譯文

婆羅門的信眾都說：「大梵天王是人間之父，能夠創造萬物，是萬物的造物主。」

大梵天王的一個弟子說：「我也會創造萬物。」這自以為是的弟子，其實是相當愚癡的，他跟梵天王說：「我也要創造萬物。」梵天王跟他說：「你無法創造萬物的，放棄這個想法吧。」這弟子不聽大梵天王的話，執意地創造萬物，大梵天王見其弟子所造之物，就跟他說：「你所做的人，頭太大，而脖子太細；手掌太大，而手臂太短；腳太小，腳跟太大。」

智慧小語

謙虛是人的本質，狂妄自大的眾生，不懂檢討自己，也只能造出一堆畸形的人而已。

42

野干與樹

佛典

譬如野干，在於樹下。風吹枝折，墮其脊上。便即閉目，不欲看樹，捨棄而走，到于露地。乃至日暮，亦不肯來。遙見風吹大樹，枝柯動搖上下，便言：「喚我。」尋來樹下。

《百喻經》

譯文

從前有一隻野狐，坐在樹下，這時一陣風吹過樹頭將樹枝折斷，樹枝掉落在野狐的身上，牠就閉上眼睛不願看樹並且離樹而去，跑到一處空曠的地方才停了下來，等到傍晚時分，也還沒回去，此時遠遠見到風吹樹梢，好像在招喚牠的樣子，便說：「大樹在叫我回去了。」

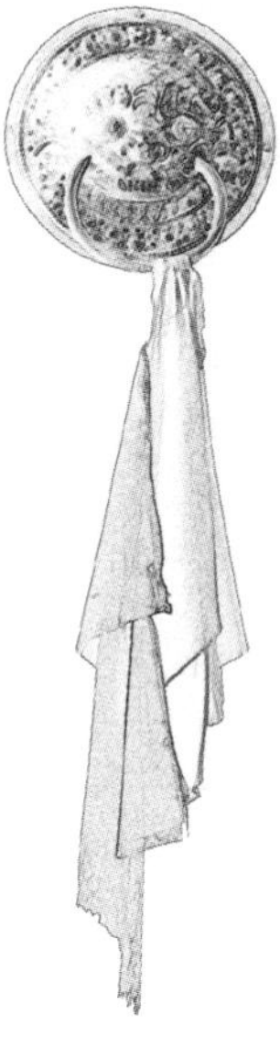

智慧小語

自然與人爲，往往自然沒有說什麼，但是人類的妄想，已使風吹草動，成了驚濤駭浪，千萬不要隨便臆測天道。

43

推車

佛典

昔有二人，道中共行。見有一人將胡麻車在嶮路中，不能得前。時將車者語彼二人：「佐我推車出此嶮路。」二人答言：「與我何物？」將車者言：「無物與汝。」時此二人，即佐推車至於平地，語將車人言：「與我物來。」答言：「無物。」又復語言：「與我無物。」二人之中，其一人者，今笑而言：「彼不肯與，何足爲愁！」其人答言：「與我無物，必應有無物。」其一人言：「無物者，二字共合，是爲假名。」

《百喻經》

譯文

有兩個人在路上走著，遇到一人拉著車子，陷在崎嶇不平的路上，無法前進，車伕跟這兩人說：「請幫忙我推一下車子。」兩人回答說：「那麼要給我們什麼報酬呢？」車伕回答：「沒什東西好給你們。」而後，兩人就幫忙車伕將車推到平地上，推好後兩人就說：「給我東西呀。」車伕說：「沒有東西。」這兩人說：「就把這『沒有東西』給我們吧。」之後兩人之中一人便說：「車伕說要給我們『沒有東西』，就必有『沒有東西』這種東西。」

智慧小語

幫助他人，不該計較這麼多，連「沒有東西」的假名，都要貪求，實在失去幫助他人的本質了。

44

墨守成規

佛典

昔有一人，從北天竺至南天竺。住止既久，即聘其女共爲夫婦。時婦爲夫造設飲食，夫得急吞，不避其熱。婦時怪之，語其夫言：「此中無賊劫奪人者，有何急事，匆匆乃爾，不安徐食？」夫答婦言：「有好密事，不得語汝。」婦聞其言，謂有異法，殷勤問之。良久乃答：「我祖父以來，法常速食。我今效之，是故疾耳。」

《百喻經》

譯文

有個人從北天竺搬到南天竺，住了很長一段時間，而且也娶妻結婚了，每當妻子為丈夫準備三餐飲食，丈夫總是很快將飯菜吃完，即使很燙也一樣，妻子覺得很奇怪，就問丈夫說：「我們這裡又沒盜匪要來搶劫，為何每次吃飯你都如此匆忙？」丈夫就回答她說：「這之中有個秘密，但我不能告訴你。」妻子聽了這番話十分驚訝，一直想知道是什麼秘密，因而再三詢問，過了很久，丈夫才說：「從我祖父輩以來，每個人都用這樣的速度吃飯，所以我才效法祖先，吃得這麼快。」

智慧小語

傳統之所以可貴，是我們保留其中的精神，而非不合時宜的行爲呀！

45

替子報仇

佛典

昔有父子，與伴共行。其子入林，爲熊所嚙，爪壞身體。困急出林，還至伴邊。

父見其子身體傷壞，怪問之言：「汝今何故，被此瘡害？」

子報父言：「有一種物，身毛躭毵，來毀害我。」

父執弓箭，往到林間，見一仙人，毛髮深長，便欲射之。

傍人語言：「何故射之？此人無害，當治有過。」

《百喻經》

譯文

從前有對父子與同伴一同出行，他的兒子走入森林中，被熊攻擊，身體被抓了好幾個傷口，好在逃出了林子回到同伴身旁，父親一見兒子受傷，就問他說：「你的傷口怎麼來的？」兒子便告訴父親說：「有隻動物全身長滿了毛，是牠傷了我。」父親於是拿起弓箭，走到森林當中，正好碰到一位仙人，也是毛髮甚長，拿起弓箭就要射他，旁人連忙阻止說：「為何要射他呢？他並沒有傷害你的兒子，你該找的是那隻抓傷你兒子的熊啊。」

智慧小語

憤怒使人盲目，嗔恨的心，只會被情境所轉而鑄成大錯，心平氣和，事情才能眞正解決啊。

46

天狗蝕月

佛典

昔阿修羅王，見日月明淨，以手障之。無智常人，狗無罪咎，橫加於惡。

《百喻經》

譯文

從前的阿修羅王看見月亮皎潔明亮，就用手將月亮遮住，造成月蝕，一般不知情的人，看見月蝕，以為是天狗將月亮吃掉了，於是見狗就窮追猛打，但實際上這跟牠一點關係也沒有。

智慧小語

如今民智已開，我們也知道月蝕的原因，但無知的愚思，只會造成對大自然更多的不敬而已。

47

貪吃的小孩

佛典

昔有一乳母，抱兒涉路，行道疲極，眠睡不覺。

時有一人，持歡喜丸授與小兒。小兒得已，貪其美味，不顧身物。此人即時解其鉗鎖，瓔珞、衣物都盡持去。

《百喻經》

譯文

從前有一個奶媽，揹著小孩趕路，一路奔波下來相當疲累，不知不覺就在路旁睡著了，當時有個人便拿著歡喜丸來引誘小孩，小孩得到之後，貪圖糖果的美味，吃著吃著連身上的東西都不要了，於是這人將小孩身上的金鎖片、瓔珞珠寶，和一些值錢的衣服通通拿走了。

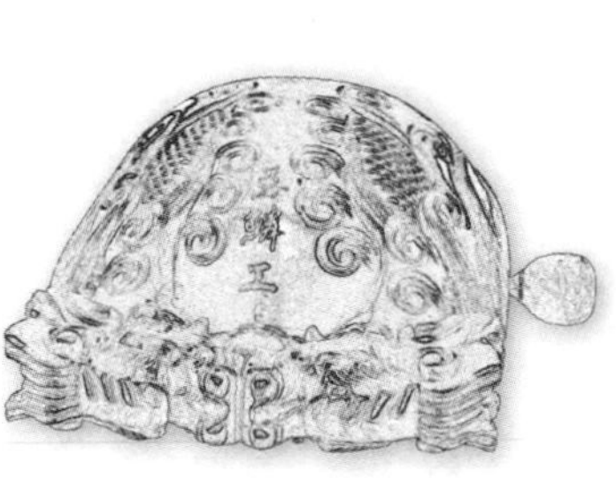

智慧小語

貪圖眼前之利，隨著利益打轉，只會失去更多！

慈悲篇

父母生我、養我、育我，我們更該照顧年邁的父母，
所謂父母恩重難報，如不好好盡孝，
那麼子欲養而親不待，樹欲靜而風不止，豈不悲哉！

01

鸚鵡救火

佛典

昔有鸚鵡，飛集他山中。山中百鳥畜獸，轉相重愛，不相殘害。鸚鵡自念：「雖爾，不可久也，當歸爾。」便去。卻後數月，大山失火，四面皆然。鸚鵡遙見，便入水，以羽翅取水，飛上空中，以衣毛間水灑之，欲滅大火。如是往來往來。天神言：「咄！鸚鵡！汝何以癡：千里之火，寧爲汝兩翅水滅乎？」鸚鵡曰：「我由知而不滅也？我曾客是山中，山中百鳥畜獸皆仁善，悉爲兄弟，我不忍見之耳！」天神感其至意，則雨滅火也。

《舊雜譬喻經》

譯文

有隻鸚鵡飛到其它樹林中，樹林中的各種動物和牠都相處得非常融洽，不但不欺負牠，反而還相當照顧牠，鸚鵡住了一陣子後，尋思道：「雖然大家待我很好，終究不是我的地方，還是得回故鄉。」於是就告別了森林回家。幾個月過後，這座森林發生大火，熊熊的火燄吞噬森林，鳥獸亡命奔走，路經此地的鸚鵡，見到這種情景，立刻飛竄進水中，將自己的羽毛沾濕，然後飛到大火上方，滴下那羽毛上的水滴，如此往來了幾趟。天神看見了便問道：「鸚鵡你怎麼那麼傻，千里之火，豈會因你身上幾滴水而澆滅？」鸚鵡回答天神：「我怎會不知道這是白費力氣的，可是這裡的動物曾待我如兄弟，如今發生大火，我豈能坐視不管？」天神聽了鸚鵡的話，被牠真誠所感動，隨手一揮，就用雨將大火給滅了。

智慧小語

鸚鵡不顧生命想幫助大家，視他人安危如自身安危，這種同體大悲的心態，正是我們該學習的。

02

群獸過河

佛典

祇劫有大樹林，多有禽獸。野火來燒，三邊俱起；唯有一邊，而隔一水。眾獸窮逼，逃命無地。我爾時，爲大身多力鹿，以前腳跨一岸，以後腳跆一岸，令眾獸蹈背上而度。皮肉盡壞，以慈悲力，忍之至死。最後，一兔來。氣力已竭，自強努力，忍令得過。過已，皆折，墮水而死。

《涅槃經疏三德指歸》

譯文

祇劫國有座大樹林，其中住著很多鳥獸，一次野火燒來，只剩下一個缺口可以逃生，偏偏有條河阻隔了去路，群獸逃至此已是走投無路了。此時有隻大鹿用前腳跨過河且趴在兩岸間，讓眾獸踩著牠的身體而過，身上的皮肉都被踩爛，但為了救大家，大鹿依舊忍著痛苦，直到最後一隻野兔過去之後，鹿卻因不堪承受墜河而死。

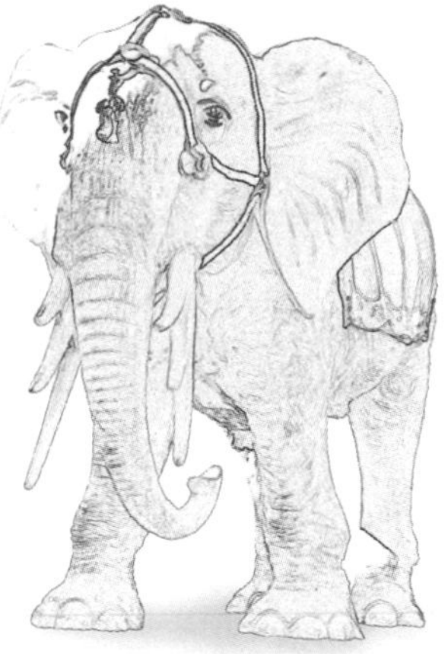

智慧小語

佛陀說：「慈、悲、喜、捨。」因爲心慈所以悲憐，因爲捨得所以歡喜，大鹿捨一己之軀，而搭救無數的生命，正是最好的體現。

03

獅子割肉

佛典

師子在林中住，與一獮猴，共爲親友。獮猴以二子寄於師子。時有鷲鳥，飢行求食，値師子故睡，取猴子而去，住於樹上。師子覺已，求猴子不得。見鷲持在樹上，而告鷲言：「我受獮猴寄託二子，護之不謹，令汝得去，孤負言信。請從汝索。我爲獸中之王，汝爲鳥中之主，貴勢同等，宜以相還。」鷲言：「汝不知時！吾今飢乏，何論同異！」師子知其叵得，自以利爪摑其脅肉，以貿猴子。

《大智度論》

譯文

獅子在林中與獼猴結交成好朋友，獼猴將兩隻小猴寄養在獅子身旁。有天一隻飢餓的鷲鷹四處尋找食物，恰好碰到這兩隻小猴，便趁著獅子睡著的時候，將兩隻小獼猴抓走，當獅子醒過來時，四處尋不著小猴，抬頭卻見鷲鷹抓著小猴正準備大快朵頤，就懇請鷲鷹說：「我接受我朋友的委託，幫他照顧小猴，卻因一時貪睡，一不留神讓你給抓走了，使我辜負了朋友對我的信任。請將這兩隻小獼猴歸還給我，我是獸中之王，你是鳥中之王，在萬獸中的地位是不相上下，你應該把小猴還給我才對。」鷲鷹說：「你怎麼這樣不識時務！現在的我又累又餓，只想找一頓好吃的，那管得到相等不相等。」獅子知道鷲鷹不會將小猴還給牠，為避免小猴受到災難而辜負朋友，便將身上兩肋的肉用爪剜割下來，送給鷲鷹，以換取兩隻小猴的平安歸來。

智慧小語

爲了兩個小生命，可以將身上的肉送給禿鷹，捨身的精神，身爲人類的我們能不好好反省一番？

04

看門的老父

佛典

往昔婆羅柰國，有不善法流行於世，父年六十，與著敷屢，使守門戶。爾時，有兄弟二人，兄語弟言：「汝與父敷屢，使令守門。」屋中唯一敷屢，小弟便截半與父而白父言：「大兄與父，非我所與。大兄教父使守門。」兄語弟言：「何不盡與敷屢，——截半與之？」弟答言：「適有一敷屢，不截半與，後更何處得？」兄問言：「更欲與誰？」弟言：「豈可得不留與兄耶？」兄言：「何以與我？」弟曰：「汝當年老，汝子亦當安汝置於門中。」兄聞此語，驚愕曰：「我亦當如是耶？」弟言：「誰當代兄！」

《雜寶藏經》

譯文

從前有個婆羅柰國，社會上流傳一個很不好的習俗，就是父親一到六十歲，就給他披上粗毛毯子，讓他看門去。當時有兩兄弟，哥哥對弟弟說：「你去拿條粗毛毯子給父親，叫他去看門。」但屋中只有一條毯子，做弟弟的就裁了一半給父親，哥哥就問：「為何不全給呢？剩下的一半是要給誰的？」弟弟回答說：「難道大哥你不留著嗎？」哥哥說：「為何要留給我用？」弟弟回答說：「將來你也會老，你兒子也要你去看門呀！」哥哥不覺一驚說：「我將來也要如此嗎？」弟弟說：「是的，誰也替不了你！」

智慧小語

父母生我、養我、育我，我們更該照顧年邁的父母，所謂父母恩重難報，如不好好盡孝，那麼子欲養而親不待，樹欲靜而風不止，豈不悲哉！

05

母子馬

佛典

特叉尸利、舍衛二國，共相嫌隙，常不和順。時特叉尸利王欲試舍衛有聖智不，遣一使者至舍衛國，送馬二匹，而是母子，形狀毛色，一類無異。「能別識者，實爲大善」。王及群臣不能分別。時梨耆彌從宮歸家，兒婦問言：「有何消息？」妐即答言，如向所見。兒婦白言：「此事易知，何足爲憂！但取好草，並頭而與。其是母者，推草與之；其是子者，抴搏食之。」時梨耆彌尋往白王。王如其語，以草試之，果如其策，母子區別。即語使者：「斯是馬母，彼是其駒。」時使答言：「審如來語，無有差錯。」王大歡喜，倍加爵賞。

《賢愚經》

譯文

特叉尸利國與舍衛國兩國交惡，關係相當不和順，當時的特叉尸利國王想探知舍衛國是否有智者，就送了兩匹是母子的牝馬給舍衛國，形狀、體型與顏色都十分相似，無從分辨起。使者說：「貴國若能分辨出來，那真是了不起啊。」因之，舍衛國的君臣大傷腦筋，有個叫梨耆彌的臣子從宮中回家，悶悶不樂的樣子讓兒媳婦瞧見了，上前問道：「什麼事讓您如此心煩呢？」梨耆彌便一五一十地說了，兒媳婦便說：「這件事很簡單，只要將鮮嫩的糧草，放在兩匹馬前，如是母馬就會將糧草讓給子馬吃，而子馬定會毫不客氣地大嚼大吃。」梨耆彌就趕緊晉見國王稟告此法，果真因此分辨出母馬與子馬，讓使者為之折服，大臣梨耆彌也因此受到重重獎賞。

智慧小語

不管任何生命都一樣，會維護自己的小孩，不讓他受任何傷害，讓他能接受最好的照顧，母馬此種表現，就是最好的見證。

06

孩子的母親

佛典

二母人共爭一兒，詣王相言。時王明黠，以智權計，語二母言：「今唯一兒，二母召之。聽汝二人，各挽一手，誰能得者，即是其兒。」其非母者，於兒無慈，盡力頓牽，不恐傷毀；所生母者，於兒慈深，隨從愛護，不忍曳挽。王鑒眞僞，語出力者：「實非汝子，強挽他兒。今於王前，道汝事實。」即向王首：「我審虛妄，枉名他兒。大王聰聖，幸恕虛過。」兒還其母，各爾放去。

《賢愚經》

譯文

從前有兩個母親，爭說一個孩子是她的，一直吵鬧到國王那邊去，要求國王裁決，聰明的國王便想出一個方法：「這個孩子妳們兩人都想要，那麼妳們各拉著小孩一手，誰把小孩拉過去，小孩就歸她。」那個不是母親的婦人，便死命地拉著小孩，而真正的母親因怕傷了孩子，就鬆了手，國王因此分辨出何者為真正的母親。便對死命拉的婦人說：「這不是妳的孩子，是妳想強佔別人的孩子吧，給我老老實實說實話。」婦人才承認說：「國王請您原諒我，的確是我自己私心想佔有小孩，求國王恕罪。」小孩才回到他真正的母親身旁。

智慧小語

慈母永遠掛念孩子，當孩子受到傷害時，表現出來的，便是最慈愛的母性啊！

07

剜肉補肉

佛典

昔有一人，說王過罪而作是言：「王甚暴虐，治政無理。」王聞是語，即大嗔恚，竟不究悉誰作此語，信傍佞人，捉一賢臣，仰使剝脊，取百兩肉。有人證明，此無是語。王心便悔，索千兩肉，用爲補脊。夜中呻喚，甚大苦惱。王聞其聲，問言：「何以苦惱？取汝百兩，十倍與汝，意不足耶？何故苦惱？」傍人答言：「大王！如截子頭，雖得千頭，不免子死。雖十倍得肉，不免苦痛。」

《百喻經》

譯文

有人在私底下說國王的壞話，說：「我們的國王是如此暴虐，國家也都沒有治理好。」國王聽到了這樣的言論，大發脾氣，卻不知道是誰說的，也不去調查，竟然隨便聽信身邊的奸臣，將一賢臣抓了起來，下令從他背脊上割下百兩的肉。後來有人為賢臣澄清，國王這才後悔了，便送了千兩肉想要彌補他，賢臣被割了肉，日夜呻吟，痛苦不堪。國王聽了便問他說：「你為何這樣痛苦，雖然割你百兩肉，但彌補你十倍的肉，你還不滿足嗎？」旁人就替他回答說：「大王，假如你的頭被砍了下來，縱然送你一千顆頭，終究不免一死。雖然他得到十倍的肉，卻減輕不了任何痛苦呀！」

智慧小語

魯莽做事的結果，只有造成更多的痛苦而已！

08

鴿子夫妻

佛典

昔有雄雌二鴿，共同一巢。秋果熟時，取果滿巢。於其後時，果乾減少，唯半巢在。雄嗔雌言：「取果勤苦。汝獨食之，唯有半在！」雌鴿答言：「我不獨食，果自減少。」雄鴿不信，嗔恚而言：「非汝獨食，何由減少？」即便以啄雌鴿殺。未經幾日，天降大雨，果得濕潤，還復如故。雄鴿見已，方生悔恨：「彼實不食，我妄殺他。」即悲鳴喚雌鴿：「汝何處去？」

《百喻經》

譯文

從前有一對鴿子夫妻同住一個窩中，秋天之時，牠們將成熟的果子，採得整個窩滿滿的，後來存放的果子乾掉了就顯得少了，只剩下半個窩而已，雄鴿就對雌鴿發脾氣說：「我們辛苦採的果子，你卻獨自吃了，而且吃到只剩下一半而已。」

雌鴿辯解說：「我沒有自己偷吃呀，是果子自己變少的！」雄鴿當然不相信，很生氣的說：「如果不是你吃的，果子怎會變少呢？」說完就用嘴啄將雌鴿給啄死了。沒幾天，一場淅瀝嘩啦的大雨，將果子一淋，又恢復成原樣，雄鴿才知道錯怪雌鴿了，心裡懊悔著說：「牠真的沒吃，是我錯殺牠了。」雄鴿越來越難過，不禁悲傷呼喚雌鴿：「你到哪裡去了？」

智慧小語

總是在失去之後，才懂得珍惜，應在問題發生之際，便解決問題，才不會因此傷害他人、傷害自己。

09 毘陀羅咒

佛典

昔有一人，共他相嗔，愁憂不樂。有人問言：「汝今何故，愁悴如是？」即答之言：「有人毀我，力不能報。不知何方，可得報之，是以愁耳。」

有人語言：「唯有毘陀羅咒可以害彼。但有一患，未及害彼，反自害己。」其人聞已，便大歡喜，願但教我。雖當自害，要望傷彼。

《百喻經》

譯文

從前有個人因為和別人結下仇恨，相當不快樂，有人就問他說：「為何你看起來如此愁苦不樂？」這人回答說：「有人欺壓我，我卻無法報復，所以才如此愁苦。」旁人便說：「只有毘陀羅咒可以加以還擊，但是使用此咒有個壞處，就是在傷人前，必定要先傷害自己。」這人聽了十分高興，為了復仇，不惜先傷害自己來學這咒語。

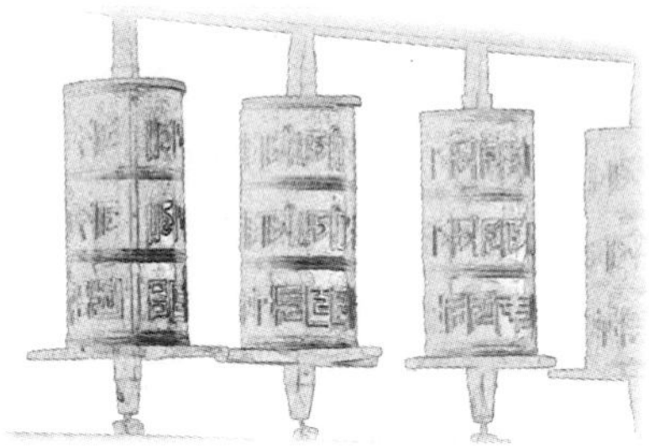

智慧小語

不要因人與人之間的磨擦而氣憤不已，豈不知面對惡言惡行，也是一種修行啊！

戒慎篇

小小火種引來城中大火，我們起心動念，
卻不知有多少愛恨情仇，
一個有修為的人，應當勇於面對現實，
要自覺錯誤，發心懺悔，
心清淨才能明心見性，方能自在怡然。

01

驢入牛群

佛典

群牛志性調良，所至到處，擇軟草食，飲清涼水。時有一驢便作是念：「此諸群牛，志性調良，所至到處，擇軟草食，飲清涼水。我今亦可彼，擇軟草食，飲清涼水。」時彼驢入群牛中，前腳跑土，觸嬈彼群牛。亦效群牛鳴吼，然不能改其聲：「我亦是牛！我亦是牛！」然彼群牛以角抵殺，而舍之去。

《佛說群牛譬經》

譯文

牛的天性是溫順馴良的，牠們在草原上一會兒找嫩草吃，一會兒喝著清涼的河水，顯得相當悠閒自在。驢子見狀十分欽羨，心裡想著：「看這些悠遊自得的牛群，個性是那麼溫馴，又可以吃著嫩草和喝清涼的河水，我應該學牠們的樣子，一同享受才對。」於是就跑進牛群中學著牛的樣子，但卻改不了驢子的本性，用前蹄拼命去剷土，惹得那些牛隻不高興，並且還學著牛的叫聲亂叫：「我也是牛，我也是牛。」但牠亂叫的聲音還是驢子的破鑼嗓，這可把牛群惹火了，一起用牛角將驢子抵殺，最後才拋下被抵死的驢子，揚長而去。

智慧小語

不具其特質而胡亂模仿一通，是畫虎不成反類犬，物各有天性，按照自身天份去發展，才是萬物本性。

02

大魚與小魚

佛典

往昔時有一水，饒諸大魚。爾時，大魚敕小魚曰：「爾等莫離此間往他處所，備爲惡人所得。」爾時，小魚不從大魚教，便往至他處所。爾時，魚師以飯網羅線捕諸魚。諸小魚見，便趣大魚處所。爾時，大魚見小魚來，便問小魚曰：「汝等莫離此間往至他所？」爾時，小魚便答大魚曰：「我等向者已至他所來。」大魚便敕小魚曰：「汝等至他所，不爲羅網取捕耶？」小魚答大魚曰：「我等至彼，不爲人所捕；然遙見長線尋我後。」大魚便語小魚曰：「汝等以爲所害。所以然者：汝所遙見線尋後來者。昔先祖、父、母，盡爲此線所害。汝今必爲所害。汝非我兒！」爾時，小魚盡爲魚師所捕，舉著岸上。如是，小魚大有死者。

《佛說大魚事經》

譯文

一處湖泊裡面有許多魚兒，水裡的大魚常常告誡小魚說：「你們切莫到處亂跑，免得被漁人抓去。」可是，小魚還是不聽大魚的話，到處亂游，正巧碰到漁人灑網捕魚和放長線的魚餌，小魚見了，趕緊游回大魚身旁。大魚見小魚回來便問道：「你們是不是離開這裡到其他地方去了？」小魚回答說：「我們剛剛的確到別的地方了。」大魚便責怪小魚說：「你們到處亂跑，難道不怕被抓去嗎？」小魚回答說：「我們沒有被抓走呀！只不過有一條長長的線緊跟在我們後面。」大魚對小魚說：「但是實際上你們已經被害了，因為這條線緊緊跟在你們後面。我的祖先、父母，都是被這條線所害，你們不聽勸告，遲早會死在這條線上，你們不配做我的孩子。」一會兒，小魚都被漁線拉上去，許多魚兒因此都犧牲了。

智慧小語

年輕人用豪情闖蕩江湖，卻常身陷危險中而不自知，因而對長者之言，我們要多看、多聽、多學習。

03

偷瓜賊

佛典

那先言：「譬如人盜他人果蓏，其主得盜果者，將至王前，白言：『是人盜我果。』，其盜者言：『我不盜是人果！是人所種，小栽耳，本不種果也。我自取果，我何用爲盜？我不盜是人果，我不應有罪過。』」那先問王言：「如是，兩人共爭。誰爲直者？誰不直者？」王言：「種栽家爲直，本造所種；盜者無狀，應爲有罪。」那先言：「盜何用爲有罪？」王言：「所以盜者有罪：本種栽家所種，從栽根生，故上有果耳。」

《那先比丘經》

譯文

那先說：「有個人偷了別人的瓜果，被主人抓到，扭送到國王那邊，主人稟告國王說：『這人偷了我的瓜。』小偷說：『我沒有偷他的瓜，他種的是小小的瓜苗，又不是瓜，我拿的是瓜，不是瓜苗，我不應該有罪呀。』」那先問王說：「如此該如何處理？」王說：「小偷有罪，如果瓜苗沒有種下，哪來的瓜呀，所以當然有罪。」

智慧小語

心念的重要，人要懂得遠離五欲「貪、嗔、癡、慢、疑」，一般人皆因財物利欲而苦患無窮，貪念心越重而煩惱越多。

04

星火燎原

佛典

那先言：「譬如人夜然燭火著壁，欲用自照飯食。燭稍卻及壁上，及竹木林材，便燒一舍。火大熾，延及燒一城中。舉城中人民言：『汝何爲燒一城中，乃如是？』然火者言：『我但然小燭火，以自然飯食耳。是自大火，非我火也。』如是，便共爭訟，相牽至王前。」那先問王言：「如是，誰爲直者，誰爲不直者？」王言：「然火者爲不直。」那先言：「何以知？」王言：「本是火所生也。汝飯食已，不當災火也？而令火燒一城中？」

《那先比丘經》

譯文

那先說：「有人為了在晚上點燈吃飯，將燭火安放在牆壁上，不料卻引起火災，擴及鄰舍，最後竟將整座城都燒起來。城中的人都指責這人說：『為何將整座城燒成這樣子？』但點燭火之人卻說：「我只是點個小燭火照亮吃飯，是火自己燒大的，關我什麼事呢？」說著便吵起來了，要請國王裁決。」那先問王說：「如此應該如何處理？」國王說：「是那點燭火人的錯。」那先說：「為什麼？」王說：「大火是由小火而來，如果點燭火之人，在吃飯後能滅掉燭火，哪來的大火蔓延全城呢？」

智慧小語

小小火種引來城中大火，我們起心動念，卻不知有多少愛恨情仇，一個有修爲的人，應當勇於面對現實，要自覺錯誤，發心懺悔，心清淨才能明心見性，方能自在怡然。

05

羹的味道

佛典

王使宰人作美羹，中有水、有肉、有葱蒜、有薑、有鹽豉、有糯。王敕廚下人言：「所作美羹，如前取羹中水味來，次取肉味來，次取葱味來，次取薑味來，次取鹽豉味來，次取糯味來。」「羹以成，人寧能一一取羹味與王不？」王言：「羹一合以後，不能一一別味也！」

《那先比丘經》

譯文

國王命令廚師做羹，廚師用肉、蔥蒜、薑、鹹豆豉、糯米和水精心調製，味道相當鮮美，而後國王又命令廚師說：「你所做的肉羹，現在要按照原先放的佐料，將當中的肉味取出，再來取蔥蒜味、薑味、鹹豆豉味，最後取出糯米的味道來。」於是有人便跟國王說：「做好的肉羹，是各種口味混合而成，如何能再分別而取出呢？」國王這才明白：「原來各種味道已經在羹中調合，是無法再一一分別的。」

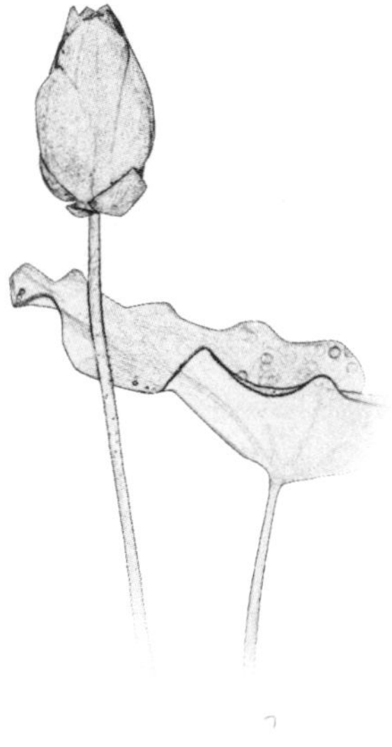

智慧小語

調和五味以成佳餚，人在複雜的環境中所養成的習慣也是無法改變的，因此要慎選調養身心的佐料，才能擁有豐富健康的心靈。

06

貓兒問食

佛典

貓生兒，以小漸大。貓兒問母：「當何所食？」母答兒言：「人自教汝。」夜至他家，隱甕器間。有人見已，而相約敕：「酥、乳、肉等，極好覆蓋；雞雛高舉。莫使貓食。」貓兒即知：「雞、酥、乳酪，皆是我食。」

《大莊嚴論經》

譯文

一隻漸漸長大的小貓問母親：「我們可以吃的食物是哪些？」母貓說：「人類自然會教你。」夜裡小貓潛入一戶人家，藏在碗盤間，有人看見了貓便說：「奶酥、乳酪和肉等物品定要嚴密收藏，養小雞的籠子也要掛在高處，以免被貓兒吃掉。」小貓聽到之後，就知道原來雞、奶酥、乳酪，都是自己的食物。

智慧小語

貓見人的動作而知曉食物，但人卻常將財物珠寶示現於他人，如穿著火辣的檳榔西施，不也如同引狼入室嗎？爲人處事，不可不愼！

07

衣服與食物

佛典

罽賓三藏比丘，行阿蘭若法。至一王寺。寺設大會。守門人見其衣服粗敝，遮門不前。如是數數，以衣服敝故，每不得前。便作方便，假借好衣而來；門家見之，聽前不禁。既至會坐，得種種好食，先以與衣。眾人問言：「何以爾也？」答言：「我比數來，每不得入；今以衣故，得在此坐，得種種好食。實是衣故得之，故以與衣。」

《大智度論》

譯文

罽賓的三藏和尚，奉行阿蘭若的苦行修身。有天遇到寺廟中舉行盛大的齋會，守門人見他穿得破爛，不肯讓他進去，三藏和尚試了好幾次，都不得其門而入。於是向別人借了好衣服，這才進去，當他坐下之後，人們供養他各種美食，可是卻都被他倒在衣服上，眾人見著覺得奇怪，就問三藏和尚說：「為什麼要這樣做呢？」三藏和尚回答說：「我之前來了好幾回，卻都不肯讓我進來，只因我換了好衣服，才得以在這裡坐著，得到眾人美味的供養，這都是衣服的緣故，所以讓它先吃吧。」

智慧小語

外在形象不足爲恃，人們卻因之蒙蔽而忽略本身內涵，金剛經云：「一切有爲法，如夢幻泡影，如露亦如電，應作如是觀。」因此我們當下即該破除形象，直指人心才對。

08

馬的對話

佛典

昔大月支國風俗常儀，要當酥煎麥食。時官馬駒謂其母曰：「我等與王致力，不計遠近皆赴其命，然食以草芻，飲以潦水。」馬告其子：「汝等慎勿興此意！羨彼酥煎麥耶？如是不久，自當現驗。」時逼節會，新歲垂至，家家縛豬投於鑊湯，舉聲號喚。馬母告子：「汝等頗憶酥煎麥不乎？」

《出曜經》

譯文

大月支國用奶油炒麥子來飼養豬隻，當時公家的馬兒對其母親說：「我們替國家賣力，不論遠近、困難，都勇往直前，但是我們吃的卻是亂糟糟的乾草，喝路上的髒水，實在是不公平。」母馬告訴牠說：「你們不要有這樣的念頭，羨慕那些吃奶油炒麥子的，時候一到，你們就會知道了。」到了歲末過年時節，家家都將豬隻綁起來，丟入滾燙的水中，發出垂死掙扎的叫聲，這時的母馬問其子說：「你還想念奶油炒麥子嗎？」

智慧小語

艱苦環境中培養人們積極奮發的態度，安逸環境中免不了遭受滅亡。

09

寶瓶

佛典

有人常供養天。其人貧窮，四方乞求供養，經十二年，求索富貴。人心既志，天愍此人，自現其身而問之曰：「汝求何等？」「我求富貴。欲令心之所願，一切皆得。」天與一器，名曰「德瓶」，而語之言：「君所願者，悉從此瓶出。」其人得以隨意所欲，無不得。得如意已，具作好舍，象、馬、車乘，七寶具足。供給賓客，事事無乏。客問之言：「汝先貧窮，今日云何得如此富？」答言：「我得天瓶。天瓶中出此種種物，故富如是。」客言：「出瓶見視其所出物。」即爲出瓶。瓶中引出種種諸物。其人驕逸，捉瓶起舞。執之不固，失手破瓶，一切諸物，俱時滅去。

《眾經撰雜譬喻》

譯文

有個貧窮的人常到四方乞討祭品，以此來供養天並求上天賜與財富，如此已經過了十二年，天神被其真誠所感動，就現身問他說：「你想要什麼呢？」「我想求富貴，只要心裡所想的，都能成真。」天神便賜與他一寶瓶，只要他想要什麼，都能從寶瓶裡變出來，因此這人有了房子、大象、車乘、金銀珠寶等，有人問他說：「你怎麼一下子就暴富起來了？」他回答說：「我得到一個寶瓶，樣樣東西都能變出來呀。」人們就要求他將寶瓶拿出來給大家看，不料一個不小心，將瓶子摔破，從中變出的東西，也就頓時消失無蹤。

智慧小語

憑空而得的財富是不長久的，當我們向天神祈禱之時，不該反觀自己，究竟爲此做了多少努力呢？但要記住，貪念越深，欲望越重，有得的心理，必然有失的痛苦。

10

戰馬

佛典

西方有一國王，素無馬。減損國藏，四出推求，買五百匹馬，以防外敵，足以安國。養馬既久，國中無事。王便思惟：「五百匹馬，食用不少，飼養煩勞，無益國事。」便敕所典：「掩眼令磨。可得自食，不損國藏。」馬磨既久，習於旋迴。忽然鄰國興兵入境。王便約敕：「被馬具莊。」勇將乘騎，如戰鬥法，鞭馬向陣，欲直前入。諸馬得鞭，盡旋迴走，無向敵意。鄰賊見之，知無所能，即便直前，大破王軍。

《眾經撰雜譬喻》

譯文

西方有一國家，國王為防禦外敵買了五百匹戰馬，但一直沒有戰事發生，國王就想：「五百匹馬的飼養與糧食消耗太大了，對國家沒有幫助！」於是便下令說：「矇上馬的眼睛，讓牠們去磨坊工作，以免浪費國家糧食。」忽然鄰國入侵，國王命令戰將們出征，但在與鄰國對陣之時，這些馬兒卻無法順著將士們往前衝，只在原地兜圈子，最後當然被鄰國給打敗了。

智慧小語

「養兵千日，用在一時。」國王貪小利而成大害，一般人更該腳踏實地做事，佛曰：「老實念佛。」一切的事，不就該抱持著這樣的心態嗎？

11

有天眼的法師

佛典

兒年十六，才美過人，便廣設多美飲食，請彼六師。六師既坐，未久之間便失笑。其人問：「何故笑也？」六師答言：「吾見五萬里有山，山下有水，有獼猴落水中，是以笑耳。」此兒知其虛妄，便鉢中盛種種好羹，以飯覆上，使人擎與之。餘人鉢中，下著飯，上著羹。諸人皆食，唯六師獨嗔不食。主人問：「何故不食？」六師答言：「無，云何食？」主人言：「君眼乃見五萬里獼猴落水，何不見飯下耶？」於是六師大嗔，竟不食而還。

《眾經撰雜譬喻》

譯文

一個相貌才情出眾的少年，擺出佳餚美味來宴請客人，一個異教的法師入坐不久，突然笑了起來，少年問他：「你在笑什麼？」他答說：「我看到五萬里外的山，山下有條河，有隻頑皮的猴子掉入了水中，所以忍不住笑了。」少年知道他在吹噓，也不道破，只讓人在其它客人的碗上盛滿各種好菜，但卻將飯蓋在菜上端給他，因而他的碗中，只見飯不見菜。這位異教徒發脾氣索性不吃了，少年問他為何不吃呢？他發怒瞪眼說：「碗裡沒菜，怎麼吃？」少年反問：「你看得見五萬里外的猴子，怎不見眼前飯底下有菜呢？」這位異教徒又羞又怒，趕緊跑了。

智慧小語

其實這見遠不見近，是一般人的通病，但眞正的天眼通該是看開世間事物，不去計較，眼下一切就處處蓮花了。

12

搶當頭的蛇尾

佛典

昔有一蛇，頭尾自相與諍，頭語尾曰：「我應爲大！」尾語頭曰：「我亦應大！」頭曰：「我有耳能聽，有目能視，有口能食，行時最在前，是故可爲大。汝無此術，不應爲大。」尾曰：「我令汝去，故得去耳；若我——」以身繞木三匝，三日而不已，頭遂不得去求食，飢餓垂死。頭語尾曰：「汝可放之，聽汝爲大。」尾聞其言，即時放之。復語尾曰：「汝既爲大，聽汝在前行。」尾在前行，未經數步，墮火坑而死。

《雜譬喻經》

譯文

蛇的尾巴和頭發生爭論，蛇頭說：「我是最大的。」蛇尾說：「我才是最大的。」蛇頭說：「我可以用耳朵來聽，用眼睛來看，用嘴巴來吃東西，走路在最前面，所以我最大，這些本領你都沒有，怎麼當頭。」蛇尾說：「是我讓你走，你才能，要是我不願意的話……」而後就將身體盤在樹上，如此三天，受不了饑餓的蛇頭說：「你趕緊放開，聽你的就是。」於是蛇尾便放開，蛇頭又跟蛇尾說：「既然你是最大的，你就走在前頭吧。」蛇尾走在前頭，才沒走幾步，便掉入火坑燒死了。

智慧小語

執著的眾生，是蒙蔽的心靈，蛇尾的固執，不但盲目行事，也影響自身的生命，因此應當看淡自己，認清自己的本位，才能造就和諧的一體。

13

戴糞

佛典

時有一人，好喜養豬；詣他空村，見有乾糞。尋自念言：「此處饒糞，我豬豚飢，今當取草，裹此乾糞，頭戴而歸。」即尋取草，裹糞而載。於其中路，逢天大雨，糞汁流下，至於足跟。眾人見已，皆言：「狂人！糞塗臭處，正使天陰，尚不可戴。況於雨中，戴之而行？」其人方怒，逆罵詈言：「汝等自癡，不知我家豬豚飢餓，汝若知者，不言我癡。」

《長阿含經》

譯文

有個養豬的人家，到了一個荒廢的村子，見著有乾糞便想說：「將這些乾糞用草捆起來，帶回去可以餵飽小豬啊。」於是便找了草裹了乾糞，頂在頭上就回家了，不料路上卻下起傾盆大雨，乾糞都化成糞水，從他的頭頂一直流到腳踝，眾人碰到都說：「你這個笨蛋，糞便那麼臭，沒下雨時都不能頂在頭上，你居然還在大雨中頂著走？」那人聽了之後反而罵道：「你們才是笨蛋，不知道我家的小豬們正餓著呢，如果你們知道，就不會罵我笨了。」

智慧小語

不懂得隨機應變，將糞便頂在頭上，下雨天也不知拿下來，結果弄得滿身臭味，社會上像這樣固執的人不知有多少。

14

業力

佛典

昔波斯匿王，於臥眠中聞二內官共諍道理。一作是言：「我依王活。」一人答言：「我無所依，自業力活。」王聞此已，情可於彼「依王活」者而欲賞之。即遣直人語夫人言：「我今當使一人往者，重與錢財、衣服、瓔珞。」於是尋遣「依王活」者，持己所飯餘殘之酒以與夫人。爾時，此人持酒出戶，鼻中血出，不得前進。會復值彼「自業活」者，即倩持酒往與夫人。夫人見已，憶王之言，賜其錢財、衣服、瓔珞。還於王前。王見此人，深生怪惑，即便喚彼「依王活」者而問之言：「我使汝去，云何不去？」答言：「我出戶外，卒得衄鼻，竟不堪任；即便倩彼，持王殘酒以與夫人。」王時嘆言：「我今乃知佛語爲實，『自作其業，自受其報』，不可奪也。」

《雜寶藏經》

譯文

從前波斯匿王聽到兩個侍從在對話，一個說：「今天我的所有一切都是因國王所賜。」另一個說：「我什麼都不依靠，只憑自己的命運來獲得。」國王一聽很喜歡前者，便先遣人去皇后那裡交待一些賞賜的事，接著便叫那侍者，端著王喝過的半杯酒，送去給皇后，但天卻不從人願，侍者流起鼻血來，由那位只憑自己命運做事的侍者送去給皇后，皇后因而給他很多賞賜，得到賞賜的侍者回報給國王，國王正覺得訝異，便立刻叫之前的侍者來問原因，侍者說：「剛走出門就流鼻血了，所以才請他代送國王的酒給皇后。」國王嘆道：「我現在終於了解佛說的『自作其業，自受其報』，業力是誰也無法更改的。」

智慧小語

種如是因，得如是果，善惡之報如影隨形，不該得的福報，怎麼都強求不來。

15

鸛雀銜草

佛典

一鸛雀口中銜草，語諸鳥言：「我等應當共相憐憫，集會一處而共住止。」爾時，諸鳥皆信其言，而來聚集。時此鸛雀伺眾鳥等一切行後，就他巢穴啄卵飲汁，殺他子食。眾鳥將至，更復銜草。眾鳥既返，見有此事，咸皆嗔責。而此鸛雀拒言：「我不！」時諸鳥輩知其諂欺，悉捨而去。

《雜寶藏經》

譯文

有隻鸛鳥嘴裡含著草，飛到眾鳥聚集的地方跟大家說：「我們應當共同照料、互相照顧，讓我們將巢築在一起吧。」鳥兒都相信鸛鳥的勸說，便將鳥巢築在一塊兒。這時的鸛鳥卻趁其它鳥兒飛出去時，飛到其它的巢，啄開鳥蛋偷吃，並且還吃掉剛孵出的小鳥，等到鳥兒快要回巢時，牠便含著草假裝築巢，眾鳥回到巢中一看非常憤怒，大家都責怪鸛鳥，牠卻回答說：「這與我無關。」眾鳥這才發覺鸛鳥騙了牠們，紛紛振翅離去。

智慧小語

害人之心不可有，要懂得眾善奉行、諸惡莫做，能去惡行善，利益人群，造福大眾，這才是眞正的學佛者。

16

守樹待肉

佛典

野干見甄叔迦樹，其果似肉。見落地時，便往欲食。知其非肉，更復生念：「今此非肉；彼樹上者，必當是肉。」遂便守之，為其所困。

《說法經》

譯文

山野的狐狸見到甄叔迦樹，樹上的果子看起來像肉一般鮮嫩，狐狸不禁垂涎三尺，等到一顆果子掉下來後，牠一咬，失望地發現不是肉，心想那麼樹上的才是肉，便繼續眼巴巴地望著樹上的果子，等它掉下來。

智慧小語　不勞而獲的癡想，永遠是最不切實際的。

17

井中狗

佛典

如狗吠井，自見形影，怒眼豎毛。謂井底影，欲共己鬥，橫生嗔忿，投井而死。

《說法經》

譯文

一隻狗在井邊看到自己的倒影，以為是另一隻狗對牠狂吠，但牠的倒影也是對牠狂吠，狗兒因而更加火大，突然衝進井中想要跟影子打架，不料卻掉入井中淹死了。

智慧小語

嗔心一起，常常爲了爭執就忘了我是誰，爲人者，不可不愼。

18

愚人宴客

佛典

昔有愚人，將會賓客，欲集牛乳，以擬供設，而作是念：「我今若豫於日日中𣪊取牛乳，牛乳漸多，卒無安處，或復酢敗；不如即就牛腹盛之，待臨會時，當頓𣪊取。」作是念已，便捉牸牛母子，各繫異處。卻後一月，爾乃設會，迎置賓客，方牽牛來，卻𣪊取乳。而此牛乳即乾無有。時爲眾賓或嗔或笑。

《百喻經》

譯文

從前有個愚者，想用自家新鮮的牛奶宴請客人，他想：「如果從今天起每天都去擠牛奶，那麼宴客當天不就沒牛奶，而且牛奶放到那時還會變酸，我應該將牛乳先存在牛肚子裡，等到那天到來，再將牛乳擠出。」於是便將小牛牽離母牛，讓母牛好好儲存牛乳，一個月後宴客的日子到了，他高興地迎接客人，牽出母牛想擠出牛奶，但一滴牛乳也沒有，賓客們見到這樣的情形，覺得好氣又好笑。

智慧小語

許多事都是有時效的，不懂得把握當下，機會只會稍縱即逝。

19

葬子

佛典

昔有愚人，養育七子。一子先死。時此愚人見子既死，便欲停置於其家中，自欲棄去。傍人見已而語之言：「生死道異，當速莊嚴，致於遠處而殯葬之；云何得留，自欲棄去？」爾時愚人聞此語已，即自思念：「若不得留，要當葬者，須更殺一子，停擔兩頭，乃可勝致。」於是便更殺其一子而擔負之，遠葬林野。時人見之，深生嗤笑，怪未曾有。

《百喻經》

譯文

從前有個呆子養育七個小孩，一天有個小孩因為生病死了，呆子看見兒子死了，把他放在家中，自己卻要離開，旁人對他說：「人都死了該要將他安葬才對，怎麼反而將死人留在家中，而自己卻離開呢？」這時呆子才恍然大悟，原來人死了是要安葬的，當他將死去的兒子裝入擔子裡，覺得裝擔的重量不平均，應該後頭也裝一個，就殺了另一個兒子，將兩具屍首挑到遠處荒郊埋葬去了，人們見著這樣，都覺得太奇怪太好笑了。

智慧小語

社會中的人們也如同傻子一般，做愚蠢的事而不自知，顧此失彼，爲了追求事業名利，連自己一生的幸福都賠了下去。

20

占卜

佛典

昔有婆羅門，自謂多知，無論星術、種種技藝，無不明達。恃己如此，欲顯其德，遂至他國，抱兒而哭。有人問婆羅門言：「汝何故哭？」婆羅門言：「今此小兒，七日當死。憫其夭殤，以是哭耳！」時人語言：「人命難知，計算喜錯。設七日頭或能不死，何爲預哭？」婆羅門言：「日月可暗，星宿可落；我之所記，終無違失。」爲名利故，至七日頭，自殺其子，以證己說。時諸世人，卻後七日，聞其兒死，咸皆嘆言：「眞是智者，所言不錯。」心生信服，悉來致敬。

《百喻經》

譯文

一個婆羅門說自己能知現在、過去、未來，無論對算命、看相、星術皆可謂厲害，為了顯示自己道行高深，婆羅門跑到外國去，在眾人面前抱著自己的小孩痛哭失聲，有人問：「你為何哭得如此傷心？」他回答說：「這是我的孩子，可是他再過七天就要死了，所以我才十分傷心。」人們就說：「命運難以窺探，或許你卜的不準，七天之後，你的孩子未必死呀！」婆羅門說：「太陽月亮或許有不亮的時候，星子有掉落的可能，但我的占卜絕對不會錯的。」為了兌現諾言，七日到時，婆羅門竟殺死孩子，以顯示自己的能力！不知原因的百姓，以為婆羅門真的很厲害，爭相來參拜他。

智慧小語

命無定論，占卜，只在提示生命的方向。但眞正的作爲是我們該自己承擔，凡夫受命運所操縱，聖人卻能操縱自己的命運，多做努力，否則再多的求神問卜，也是徒然。

21

愛發脾氣的人

佛典

過去有人，共多人眾坐於屋中，嘆一外人德行極好，惟有二過：一者喜嗔，二者作事倉卒。爾時，此人過在門外，聞作是語，便生嗔恚，即入其室，擒彼道己過惡之人，以手打撲。傍人問言：「何故打也？」其人答言：「我曾何時喜嗔倉卒？而此人者，道我恒喜嗔恚，作事倉卒，是故打之。」傍人語言：「汝今喜瞋倉卒之相即時現驗，云何諱之！」

《百喻經》

譯文

有個人和大家坐在屋裡聊天，稱讚某人的德行很好，只是有兩個不好的缺點而已，一是愛生氣，二是性子急。正好這人從門外走過，聽到別人對他的批評，頓時火冒三丈，進了門就要打他，旁人連忙制止說：「你幹嘛要打人？」他回答說：「我什麼時候愛發脾氣和性子急呀，這傢伙卻說我愛亂生氣和性子急，所以才想打他。」旁人說：「你性子急和愛發脾氣，剛剛就表現出來了，你何必怕別人說呢？」

智慧小語

古人云：「身慈、口慈、意慈。」，過於好勝剛強，會破壞人與人之間的和諧，要能理直氣和，用寬大的度量，包容世間的人事。

22

畫水求鉢

佛典

昔有人乘船渡海，失一銀釪，墮於水中。即便思念：「我今畫水作記，捨之而去；後當取之。」行經二月，到師子諸國，見一河水，便入其中，覓本失釪。諸人問言：「欲何所作？」答言：「我先失釪，今欲覓取。」問言：「於何處失？」答言：「初入海失。」又復問言：「失經幾時？」言：「失來二月。」問言：「失來二月，云何此覓？」答言：「我失釪時，畫水作記。本所畫水與此無異，是故覓之。」又復問言：「水雖不別，汝昔失時乃在於彼，今在此覓何由可得！」爾時，眾人無不大笑。

《百喻經》

譯文

從前有人乘船渡海，不小心將一個銀鉢掉入海中，於是就想：「我現在把這水的樣子畫下來作記號，將來按照這記號去找就可以了。」行船兩個月到了獅子國，在那裡見到一條河，就跳入水中撈來找去，想找他的銀鉢。旁人問道：「你在找什麼？」回答說：「我之前丟了一個銀鉢，現在想把它找回來。」旁人又問道：「什麼時候丟的？」答道：「兩個月前吧。」旁人說：「都丟了兩個月了，怎麼現在才來找呢？」回答說：「當時丟鉢的時候，我有把水的樣子畫下來，海上的水和這裡沒有兩樣，所以在這裡找啊。」人們就跟他說：「雖然兩處的水看似無不同，但你丟鉢的地方跟這裡完全不同，你怎可能在這裡找到呀。」大夥也因此全笑了出來。

智慧小語

畫水求鉢猶如刻舟求劍，如此拘泥於環境，不知變通，銀鉢是怎麼都找不回來的。

23

求子

佛典

往昔世時，有婦女人，始有一子，更欲求子。問餘婦女：「誰有能使我重有子？」有一老母語此婦言：「我能使爾求子可得，當須祀天。」問老母言：「祀須何物？」老母語言：「殺汝之子，取血祀天，必得多子。」時此婦女便隨彼語，欲殺其子。傍有智人，嗤笑罵詈：「愚癡無智，乃至如此！未生子者竟可得不，而殺現子？」

《百喻經》

譯文

從前有個婦女，始終只有一個兒子，她想再生一個小孩，卻一直沒有得到，她向其他婦女詢問有什麼辦法，可以再獲一子，一個老婦人對她說：「我能讓你再得一子，但是必須祭拜上天。」婦女問：「那該用何物來祭祀上天呢？」老婦人說：「將你的孩子殺了，取他的血來祭天，定可再得一子。」這婦人真聽信老婦人的話，準備殺死自己的兒子。恰好一位智者經過此地，看到這件事，十分生氣又覺得好笑，對著那婦女罵道：「你不要這麼愚笨，第二個孩子都還沒得到，卻要把現在的孩子活活殺死。」

智慧小語

佛陀是那麼慈悲，若要犧牲生命來成就另一生命，無疑是行不通的。

24

奉承之道

佛典

昔有一人，欲得王意，問餘人言：「云何得之？」有人語言：「若欲得王意者，王之形相，汝當效之。」此人即便往至王所，見王眼，便效王。王問之言：「汝爲病耶？爲著風耶？何以眼？」其人答王：「我不病眼，亦不著風。欲得王意，見王眼，故效王也。」王聞是語，即大嗔恚，即便使人種種加害，擯令出國。

《百喻經》

譯文

有個人想奉承國王，問別人：「怎麼樣才能討得國王歡喜？」有人就說：「想要得到國王的喜歡，國王做什麼，你就模仿他。」這人便跑到皇宮裡去，看見國王眨眼睛，他也眨起眼來，國王問：「你身體不舒服嗎？是不是中風？要不為何猛眨眼睛呢？」這人回答：「我沒有生病，也沒有中風啊。只是為了討您的歡喜，看見您眨眼也就跟著學。」國王聽了之後大發脾氣，叫人重重處罰這人，然後將他攆出國去。

智慧小語

一味無意義的模仿，只會令人更加厭惡罷了，若能修養自身，以慈悲心、柔軟心來應世，人們自然是喜愛親近的。

25

牧牛

佛典

昔有一人，有二百五十頭牛，常驅逐水草，隨時餧食。時有一虎，啖食一牛。爾時，牛主即作念言：「已失一牛，俱不全足，用是牛爲！」即使驅至深坑高岸，排著坑底，盡皆殺之。

《百喻經》

譯文

從前有個牧羊人，擁有二百五十頭牛，並且經常趕著牛群，到有水草的地方覓食，一次不小心被老虎吃掉了一頭牛，於是這人便想：「老虎吃了我一頭牛，這二百五十頭的數目已經不完整呀，還要這些牛要幹什麼！」便將他的牛群趕到崖邊推了下去，二百餘頭的牛都摔死了。

智慧小語

生活中常因觸犯一條規則，便不遵守整個法約，人孰能無過？懂得誠心悔過，轉煩惱爲智慧，這個煩惱才有價值。

26

鴛鴦之盜

佛典

昔外國節法慶之日，一切婦女，盡持優鉢羅華以爲鬘飾。有一貧人，其婦語言：「爾若能得優鉢羅華來用與我，爲爾作妻；若不能得，我捨爾去。」其夫先來常善能作鴛鴦之鳴；即入王池，作鴛鴦鳴，偷優鉢羅華。時守池者而作是問：「池中者誰？」而此貧人失口答言：「我是鴛鴦！」守者捉得，將詣王所。而於中道，復更和聲，作鴛鴦鳴。守池者言：「爾先不作，今作何益！」

《百喻經》

譯文

從前有個國家，每逢節日慶典之時，婦女便會持優鉢羅花，插在頭頂作為裝飾，有戶窮人家，妻子跟丈夫說：「如果你不能得優鉢羅花來讓我裝飾的話，我就要離你而去。」由於優鉢羅花生長在水池中，作丈夫的便跑到王宮裡的水池，想學鴛鴦叫，以盜取優鉢羅花。顧守水池的人發現動靜，便問：「池子中是誰？」這窮苦的丈夫一時說漏了嘴：「我是鴛鴦。」守池人便立刻把他抓住，要帶到國王那裡去，走在半路上，他卻學起鴛鴦的叫聲，這時守池人說：「剛剛你不叫，現在叫又有什麼用啊！」

智慧小語

不懂得順應時勢，終究只會招致災難。其實世間一切美麗精巧之物，只不過滿足人心一時虛榮而已。

27

治駝背的方法

佛典

有人卒患脊僂，請醫療治。醫以酥塗，上下著板，用力痛壓。不覺雙目一時迸出。

《百喻經》

譯文

有人患駝背的毛病，請了蒙古醫牛來治療，他用酥油塗抹在他的身體，用兩塊板子夾住他的身體，然後狠狠地用力壓他，一壓之下，這人的雙眼，便給壓出來了。

智慧小語

下藥要對症，做事要正確，苦病還需良醫來醫，否則只有貽誤生命呀！

28

替國王奏樂

佛典

伎兒王前作樂，王許千錢。後從王索，王不與之。王語之言：「汝向作樂，空樂我耳；我與汝錢，亦樂汝耳。」

《百喻經》

譯文

一個樂師替國王演奏音樂，國王聽了相當高興，答應要給樂師千錢之賞。後來樂師向國王要這千錢的賞賜，國王卻出爾反爾對他說：「上次你所演奏的音樂，讓我很高興，而我說要給你錢，也只是要讓你聽了高興而已。」

智慧小語

古人云：「衣食可去，誠信不可失矣。」國王言而無信，不能教人反而欺人，那麼底下之臣民，是否也能將國王的命令聽聽就好呢？

29

行船之法

佛典

昔有大長者子，共諸商人，入海採寶。此長者子善誦入海捉船方法：若入海水漩洑洄流磯激之處，當如是捉、如是正、如是住。語眾人言：「入海方法，我悉知之。」眾人聞已，深信其語。既至海中，未經幾時，船師遇病，忽然便死。時長者子即便代處。至洄洑駛流之中，唱言「當如是捉、如是正」。船盤迴旋轉，不能前進至於寶所，舉船商人沒水而死。

《百喻經》

譯文

有個大商人的兒子，和許多商人一起出海尋寶，這位商人的兒子相當熟練地背誦海上行船之法，當遇到了漩渦、激流和岩礁之時該如何駕馭，用什麼速度、如何撥正航道等等，講得頭頭是道。他向眾商人說：「只要是在海上駕馭之法，我都能夠掌握。」到了海中船長不幸病死了，大家便推他為船長的代理人，突然船遇到了海上的漩渦，商人的兒子大聲指揮：「該這樣駕駛，用什麼速度朝向什麼航道。」但是船卻一點也不聽從指揮，隨著漩渦打轉，連寶物都還沒尋到，便已翻覆在海上的漩渦中。

智慧小語

「口有千言，胸中卻無一實策」，知解與行解，也要懂得配合才好。

30

夫妻爭餅

佛典

昔有夫婦，有三番餅。夫婦共分，各食一餅；餘一番在。共作要言：「若有語者，要不與餅。」既作要已，爲一餅故，各不敢語。須臾，有賊入家偷盜，取其財物，一切所有，盡畢賊手。夫婦二人以先要故，眼看不語。賊見不語，即其夫前，侵略其婦。其夫眼見，亦復不語。婦便喚「賊」。語其夫言：「云何癡人，爲一餅故，見賊不喚？」其夫拍手笑言：「咄，婢！我定得餅，不復與爾。」世人聞之，無不嗤笑。

《百喻經》

譯文

從前有對夫婦，有三塊餅，兩人各吃一塊，剩下的就彼此約定說：「要是誰先說話，就不能吃剩下的餅。」約定之後，為了這餅，夫婦均不再說話。不久，有小偷闖進家中，屋中值錢的東西都被偷光，但因夫妻倆約定在先，所以見小偷偷東西，也都不說話。小偷見兩人默然無語，就開始大膽在丈夫前戲弄他的妻子，愚笨的丈夫看到這樣的情形竟也不出聲，當妻子受不了的時候，一面大喊抓賊，一面怒聲斥罵她的丈夫說：「你這個笨蛋，就僅僅為了一塊餅，看見小偷也不喊抓賊！」丈夫忽然拍手笑道：「嘿嘿，好極了！這下子餅歸我了吧，你不能吃這餅了！」

智慧小語

寓言的道理，是要放下「我執」，不執著這小小一塊餅，當然就不會有小偷這災難，況且真正重要的是人，而不是小小的餅呀。

31

兩個徒弟

佛典

譬如一師，有一師，有二弟子。其師患腳，遣二弟子人當一腳，隨時按摩。其二弟子常相憎嫉。一弟子行，其一弟子，捉其所當按摩之腳，以石打折。彼既來已，忿其如是，復捉其人所按之腳，循復打折。

《百喻經》

譯文

從前有個師傅收了兩個徒弟，這個師傅因為有腳方面的病痛，就叫兩個徒弟各負責一邊，隨時替他按摩，但這兩個徒弟平常就彼此憎恨，有天一徒弟出門，另一徒弟因怨恨對方，便拿起石頭將師傅的另一隻腳給打斷，外出徒弟回來之後，非常氣憤，也立刻打斷另一徒弟負責照料的腳。

智慧小語

盲目的氣憤只會傷害了他人和自己，修心修心，該修的是內心本體才是。

32

防眼痛的方法

佛典

昔有一女人，極患眼痛。有知識女人問言：「汝眼痛耶？」答言：「眼痛。」彼女復言：「有眼必痛。我雖未痛，並欲挑眼，恐其後痛。」傍人語言：「眼若在者，或痛、不痛；眼若無者，終身長痛。」

《百喻經》

譯文

有個女人眼睛疼得很厲害，一個與她相識的朋友問：「你的眼睛很痛嗎？」她回答說：「痛死了！」她朋友便說：「這樣看來有眼睛必然會痛，我的眼睛雖還沒開始疼，也該把眼睛給挖掉，要不將來疼起來就不得了呀。」有人就說：「有眼睛的人，雖然有可能眼睛痛，但也可能不痛，若是挖掉眼睛的話，恐怕就得痛苦一生了。」

智慧小語

盲目的防範未然，只會增加心理恐慌，其實只要身心調和則平安喜樂，病痛的發生自然就會少了。

33

為子請醫

佛典

往昔久遠世，於羅悅祇城中，有一長者子，得熱病甚困。其城中有一大醫子，別識諸藥，能治眾病。長者子呼此醫子曰：「爲我治病，癒，大與卿財寶。」醫子即治長者子病，得差。既差之後，不報其功。長者子於後復病，復命治之。差，不答勞。如此至三，不報如前。後復得病，續喚治之。醫子念曰：「前已三差，而不見報。」長者子曰：「卿前後治我，未得相報。今好治我，差，當並報。」醫子念曰：「見欺如此，至三，爲誑小兒。我今治此，當令命斷。」即便與非藥，病遂增劇，便致無常。

《佛說興起行經．骨節煩疼因緣經》

譯文

往昔世中，羅悅祇城裡有個富翁的兒子得了相當嚴重的病，恰好這城中有個醫術精湛的名醫，能夠治療各種疑難雜症，富翁便請名醫來替他的兒子治病，說：「只要你醫好我兒子的病，我會給你一大筆錢。」而後醫生很快就將病醫治好，但富翁並沒有給醫生該得的報酬。過了不久，富翁的兒子又生病，又請醫生來醫治，醫治好仍然沒有給他報酬，一連如此三次，等到第四次時，醫生就說：「我那麼辛苦為你治病，卻都沒有得到應有的報酬。」富翁即說：「從前替我治病，我來不及答謝，這次醫好了，一定連同前幾次一起報答。」醫生心想：「都騙了我三次，這次一定也是騙我的，這回替他醫治，讓他命喪黃泉好了。」於是醫生給了有毒的藥，富翁兒子的病更加嚴重，最後就死了。

智慧小語

財富與生命孰輕孰重？這是很明白的事，因對身外之物的不捨，反而害了自己的兒子呀！

34

狐見獅子

佛典

狐行鼷鼠之群，自謂雄於師子。及其見也，則魂亡魄散。

《三藏法師傳》

譯文

隻狐狸跑到鼠輩那裡，對老鼠吹噓說：「我是這麼厲害，連獅子都怕我啊。」突然一隻獅子剛好走過，老鼠回頭一看狐狸，卻是已經魂飛魄散了。

智慧小語

不要輕易相信吹噓之人，因爲遇到眞正狀況，其實他們是一無是處的。

35

驢蒙獅皮

佛典

有驢被師子皮，而便自謂，以爲師子。有人遙見，謂眞師子。及至鳴已，皆識是驢。

《大集地藏十輪經》

譯文

有頭驢子披了獅子的皮，神氣活現的，真當自己是獅子，如此耀武揚威，人們遠遠見到，以為真的獅子來了，趕緊躲避，等到驢子一叫，眾人就明瞭這不過是頭驢子在裝模作樣罷了。

智慧小語

裝模作樣，虛張聲勢的「獅皮」，遲早會被戳破的。

36

乳汁的顏色

佛典

生盲人不識乳色，便問他言：「乳色何似？」他人答言：「乳色白如貝。」盲人復問：「是乳色者，如貝聲邪？」答言：「不也！」復問：「見爲何似邪？」答言：「如稻米味。」盲人復問：「乳色柔軟，如稻米味邪？稻米味者，復何所似？」答曰：「如雪。」盲人復言：「彼米味者，冷如雪邪？雪復何似？」答言：「猶如白鴻。」是生盲人雖聞如是譬喻，終不能得識乳眞色。

《元陽妙經》

譯文

一位眼盲的人，天生就不知乳汁是怎樣的顏色，他問別人：「請問乳汁是什麼顏色？」別人跟他說：「乳汁的顏色像貝殼一樣白。」盲者又問：「那乳汁的顏色和貝殼發出的聲音一樣嗎？」他人回答：「不是這樣的。」盲者又問：「那麼貝殼又像什麼呢？」他人回答：「貝殼的肉如稻子一般柔軟可口。」盲者又問：「原來乳汁的顏色像稻子一樣柔軟可口的，那稻米又像什麼呢？」別人又答：「像雪一般。」盲者又問：「原來稻米的味道如雪一般，那麼雪又像什麼呢？」別人說：「雪有如白鶴。」——雖然盲者聽了很多譬喻來形容乳汁的顏色，但最後還是沒有弄清楚乳汁的顏色。

智慧小語

紛雜眾多的名相擾亂我們心靈，其實若能放下外在的形象，用心去感受，萬物就能靜觀自得呀。

37

馬驢之別

佛典

昔有驢一疋，其主恒令與馬相隨飲食，行來常與馬俱。馬行百里，亦行百里；馬行千里；亦行千里；衣毛鳴呼，與馬相似。後時，與驢相隨飲食，行來與驢共侶。驢行百里，亦行百里；驢行千里，亦行千里；毛衣頭軀，悉爲似驢；鳴呼唉痾，純爲是驢：遂至老死，不復作馬。

《佛說生經》

譯文

從前有頭驢，牠的主人讓牠跟馬兒一塊生活，飲食居住都不曾分離，馬兒走百里路，驢也走百里路，日子一久，這隻驢子身上皮毛與叫聲都快跟馬一樣了。後來驢子離開馬群回到了驢群中，居住飲食都與同類一塊，別的驢子走百里路，牠也走百里，別的驢子走千里，牠也走千里路，但身上皮毛的顏色與特徵，又恢復成原樣，一叫起來也是難聽的驢聲而已，因而就這樣一直到老，不再有馬的模樣了。

智慧小語

泥土與玫瑰爲伴，因而有玫瑰的芬芳，生活環境的好壞，造就一個人的是非善惡，能不謹愼選擇嗎？

38

禿鶖唱歌

佛典

有鳥名曰鵄梟，來在宮上。看見鸚鵡。獨得優寵。即問鸚鵡：「何緣致此？」鸚鵡答言：「我來宮上，悲鳴殊好。國王愛敬於我，取我常著左右。五色珠璣，瓔珞我身。」鵄梟聞之，懷嫉妒心，即念言：「我亦當鳴，令殊於卿，國王亦當愛寵我身。」王時出臥，鵄梟即鳴。王即驚覺，然毛豎，如畏怖狀。王問左右：「此爲何聲，驚動怖我？」侍者白言：「有惡聲鳥，名曰鵄梟。」王即恚曰：「促遣大眾，分布推索！」即得與王。王令左右，生拔毛羽。舉身大痛，步行而去，到其野田，眾鳥問言：「何緣置此？」鵄梟嗔恚，不責己身，答眾鳥言：「正坐鸚鵡故得此患。」

《長者音悅經》

譯文

有隻禿鷹飛到宮中，看見鸚鵡特別受到寵愛，就問鸚鵡說：「為什麼你特別受到寵愛與照顧呢？」鸚鵡回答說：「我來到宮中之後，因為我的叫聲悅耳動聽，國王特別喜歡我，常把我放在身旁，還用五彩繽紛的珠寶打扮我。」禿鷹聽了之後，十分妒忌，心想：「我的叫聲也不比鸚鵡差，國王一定也會賞賜我的。」正好國王在睡覺，禿鷹叫了起來，國王立刻被驚醒，覺得十分毛骨悚然，令人畏懼。問左右說：「這是什麼聲音，如此令人害怕？」侍者回答說：「這是隻禿鷹發出來的怪聲。」國王生氣的說：「馬上派人去把這怪鳥抓起來。」不久禿鷹就被抓到國王面前，國王下令說：「把這怪鳥的羽毛都給我拔掉。」一會兒禿鷹就全身光禿禿，又疼得要命，牠走到野外，被其牠鳥類見著，問道：「你怎麼變成這樣呢？」禿鷹不反省自己，還惱羞成怒地說：「這都是鸚鵡惹的禍。」

智慧小語

不要因自己犯錯，而將過錯推到別人身上，應該修正自己，反省一下，況且沒有那些特質，盲目地效法，只是會令人發笑而已。

39

魚目混珠

佛典

劫初之時，有建木鄉人，入於山南，炫賣眞珠。時有山東商人。姓頗羅墮，名曰滿願。出庫百金，買得一珠，圓明曜掌，大徑一寸，囊肘自隨，不令他見。數旬之間，忽有山南一人，名曰雷詰，僞賣魚目。滿願西鄰壽量之家，亦出百金，買得魚目。亦以懷藏，不令他見。劫後六年，二家惡疾，祈得明師，來療此病；和合藥分，須好眞珠。爾時二人，各出眞珠，以閱明師；師遙見之，懸知後人買得魚目。師即語言：「此非眞珠。」壽量狐疑，恐師行誑，請師水之，浸經一宿，合器腥臭。眞珠入水，彌益光明，九日出之，引長六寸，滿願服之，所苦立癒。

《玉清經》

譯文

很久以前，有個商人到山裡賣珍珠，當時住在山東面有個商人，姓頗羅墮，名滿願，他拿出百兩的黃金才買到一顆珍珠，光耀圓潤，皓皓耀眼，直徑有一寸那麼大，他隨身收藏在衣袖中，從不輕易示人。數十天後，從山南來了一個人，名叫雷詰，將魚眼珠假裝珍珠出售，滿願西邊鄰居壽量，也花了百兩金子買了一顆假珍珠，十分小心收藏著，從不拿出來給人看。六年之後，滿願與壽量不巧都生了重病，請了醫術高明的醫生來看之後，都說：「如果要治療好病情，就要用上好的珍珠做藥引。」兩人就將六年前買的珍珠拿給醫生，醫生一看，就對壽量說：「你買到假珍珠了。」壽量似信似疑，以為醫生說的是假的，就請醫生將他的珠子泡在水盆中，一夜過後，水盆充滿魚腥味，印證了珠子果然是假的。而再將滿願的珠子放入水中，珍珠更加圓潤光亮，泡了九天之後，珍珠變得又大變亮，滿願服了珍珠的藥引後，病也就好了。

智慧小語

魚目混珠，差一點害了人的生命。生活中，若是想魚目混珠過此一生，那眞的會害了自己一生啊！

40

富者為兄

佛典

昔有一人，形容端正，智慧具足，復多錢財，舉世人間，無不稱歎。時有愚人，見其如此，便言我兄。所以爾者，彼有錢財，須者則用之，是故爲兄。見其還債，言非我兄。

傍人語言：「汝是愚人，云何須財，名他爲兄，及其債時，復言非兄？」

愚人答言：「我以欲得彼之錢財，認之爲兄，實非是兄。若其債時，則稱非兄。」

《百喻經》

譯文

從前有個人，容貌生得端莊又有智慧，在當時是一個相當富有的人，人們無不羨慕他，一個呆子十分羨慕他，便向眾人說：「他是我的哥哥。」呆子之所以半路認兄，是因為他的財富，需要時就可以向他要錢，突然這人因生意失敗，負債累累，呆子又向眾人說：「他不是我的兄弟。」有人便問呆子說：「你為什麼在他有錢時稱他為兄，現在欠了債卻矢口否認呢？」呆子回答：「我是因為想得到他的錢財，所以叫他哥哥，現在他沒錢了，我當然不承認他是我哥哥。」

智慧小語

世人汲汲追求錢財，無非是爲了物質生活的享受，然而，錢財並非能永久持有，往往變遷無常，轉瞬即逝，我們應當追求的是畢生可受用的福慧資糧，來莊嚴自己，培養慧命才是。

41 窮人燒衣

佛典

昔有一人，貧窮困乏，與他客作，得麤褐衣而被著之。

有人見之，而語之言：「汝種姓端正，貴人之子，云何著此麤弊衣褐？我今教汝，當使汝得上妙衣服。當隨我語，終不欺汝。」

貧人歡喜，敬從其言。

其人即便在前然火，語貧人言：「今可脫汝麤褐衣，著於火中。於此燒處，當使汝得上妙欽服。」

貧人即便脫著火中。既燒之後，於此火處，求覓欽服，都無所得。

《百喻經》

譯文

一個貧窮的人十分困苦，替別人打零工過活，一天他得到一件粗糙的毛衣，並把它披在身上，一個人見著了跟他說：「你的姓氏端正，是屬於富貴人家，怎麼披這種毛衣呢？我現在教你一個方法，可以讓你得到更好的衣服，我決不騙你，但你一定要聽我的話。」窮人相當高興，對那人畢恭畢敬，於是那人在他面前燃起一堆火對他說：「脫下你粗糙的毛衣，把它丟入火中，並在這裡等候，你就可以得到更好的衣服。」接著，窮人趕緊將毛衣丟入火中，燒完之後，在灰燼處，卻怎麼也找不到更好的毛衣。

智慧小語

人心一貪，就什麼都不管了，往往投下大筆精神物質，卻什麼也得不到。

42

偷金

佛典

昔有二估客，共行商賈。一賣眞金，其第二者賣兜羅錦。有他買眞金者，燒而試之。第二估客即便偷他被燒之金，用兜羅綿裹。時金熱故，燒綿都盡，情事既露，二事俱失。

《百喻經》

譯文

從前有兩個商人，一同在做買賣，一個是在賣金子，另一個則是在賣棉花布錦，一天有人想買金子，為了證明是真金，便用火來烤金子，賣布的商人趁賣金子的商人不注意時，偷了被火烤過的金子，並用自己的布藏起來，不料卻因金子太熱燒了起來，一時自己的綿花布錦都被燒光，使得偷金子的事被發現，連自己賣的布也化為灰燼。

智慧小語

心懷不軌，對一同生活的朋友造作不善的惡因，當然所得的必是現世的罪業苦報。

43

水底真金

佛典

昔有癡人，往大池所，見水底影，有眞金像，謂呼有金。即入水中，撓泥求覓。疲極不得，還出復坐。須臾水清，又現金色，復更入裡，撓泥更求覓，亦復不得。其父覓子，得來見子，而問子言：「汝何所作，疲困如是？」子白父言：「水底有眞金，我時投入，欲撓泥取，疲極不得。」父看水底眞金之影，而知此金在於樹上。所以知之，影現水底。其父言曰：「必飛鳥銜金，著於樹上。」即隨父語，上樹求得。

《百喻經》

譯文

有個人在水池中見到黃金，心裡直呼有金子！有金子！就立刻進入水池中找金子，找了老半天，十分疲累卻一無所獲，離開了池子，坐在旁邊休息，一會兒，水逐漸清澈，金子的影像又浮現出來，他又趕緊踏入水池中，攪泥和水依舊一無所獲，他的父親來找他，問說：「你在做什麼，為何看起來這麼疲累？」這人跟父親說：「我是看見水中有金子，在水池中攪和了半天卻一無所得，因此十分疲累。」父親一見池中金子的倒影，就知這金子是在樹上，如此才會將影子映在水中，父親就跟他說：「一定是飛鳥將金子銜上樹頭。」於是他便聽從其父的話，爬到樹上，果然找到金子。

智慧小語

渾濁的池子見不到眞金，紛雜的人世見不著自己，我們該放慢腳步，細心體會，因爲生活中萬物靜觀皆自得呀。

44

一妻一妾

佛典

昔有一人，聘取二婦。若近其一，爲一所嗔。不能裁斷，便在二婦中間正身仰臥。值天大雨，屋舍淋漏，水土俱下，墮其眼中。以先有要，不敢起避，遂令二目俱失其明。

《百喻經》

譯文

有個人娶了兩個妻子，兩個妻子都非常喜歡吃醋，如果丈夫比較接近其中一位妻子，另一位一定大發脾氣，這丈夫無可奈何，無法裁斷，因而晚上睡覺就只能睡在兩者之間，有天下了大雨，屋裡漏水，水與泥沙剛好都滴落在丈夫眼上，丈夫因有前例為鑑，不敢轉身避雨，結果眼睛就這樣被弄瞎了。

智慧小語

夫妻相處之道理應和諧共處，彼此妒忌，反而傷了自己，也傷了別人。

45

偷米的丈夫

佛典

昔有一人，至婦家舍，見婦搗米，便往其所，偷米唵之。婦來見夫，欲共其語。滿口中米，都不應和。羞其婦故，不肯棄之，是以不語。婦怪不語，以手摸看，謂其口腫，語其父言：「我夫始來，卒得口腫，都不能語。」其父即便喚醫治之。時醫言曰：「此病最重，以刀決之，可得差耳。」即便以刀決破其口。米從中出，其事彰露。

《百喻經》

譯文

有個丈夫回到妻子的娘家，看見妻子正在搗米，於是趁妻子不注意偷了一把米塞入口中，妻子見丈夫來了要同他說話，卻不知丈夫口中塞滿米，一句話都不能說，丈夫也害怕給妻子知道他偷米而取笑他，一方面不敢吐掉，一方面也不敢說話，妻子覺得很奇怪，就用手摸他的臉，發現丈夫的嘴腫了起來，就跟父親說：「我丈夫來了之後，嘴巴腫大，現在連話都不能說了。」其父就趕緊叫醫生來治療，醫生說：「這種病最嚴重，要趕緊用刀割開嘴巴，才能治好。」於是立刻用刀子割開嘴巴，一把米掉了出來，偷米之事就被發現了。

智慧小語

生活在五欲中的人們，永遠有填不滿的欲望，都在不足中造業、不足中懊悔，因而就在不知足裡迷失了本性，傷害了自己。

46

搬凳的臣子

佛典

昔有一王，欲入無憂園中，歡娛受樂，敕一臣言：「汝捉一杌，持至彼園，我用坐息。」時彼使人，羞不肯捉，而白王言：「我不能捉，我願擔之。」時王便以三十六杌置其背上，驅使擔之，至於園中。

《百喻經》

譯文

從前有個國王，想要進入無憂園中休憩遊樂一番，命令底下一位臣子，說：「你去搬一張凳子來無憂園裡，讓我休息時可以坐。」這位臣子覺得拿凳子是件有辱自己身份的事，就對國王說：「我不能拿，但我可以用揹的。」國王就將三十六張凳子放在這臣子背上，叫他一路揹到無憂園裡。

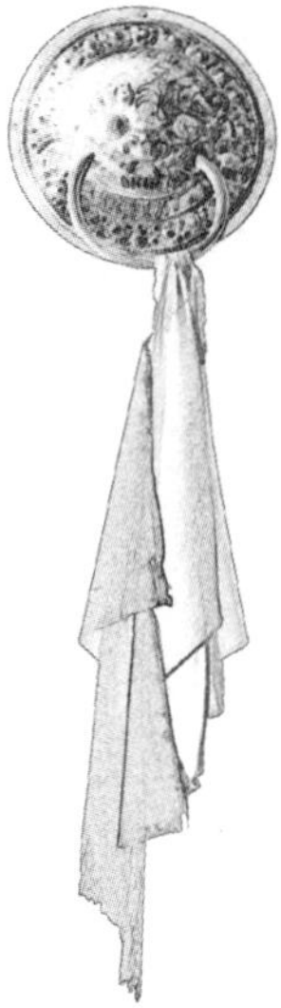

智慧小語

臣子爲了拿一張凳子的面子問題，而背上三十六張凳子，生活中是否爲了爭強好勝，反而付出更多的代價呢？值得我們深思一番。

47

老婦抓熊

佛典

昔有一老母，在樹下臥，熊欲來搏。爾時老母繞樹走避。熊尋後逐，一手抱樹，欲捉老母。老母得急，即時合樹捺熊兩手，熊不能動。更有異人來至其所。老母語言：「汝共我捉，殺分其肉。」時彼人者，信老母語，即時共捉。既捉之已，老母即便捨熊而走。其人於後，爲熊所困。

《百喻經》

譯文

有個老婦人在樹下躺著休息，一隻熊要來偷襲老婦人，老婦人驚覺時趕緊繞著樹跑，閃躲熊的攻擊，熊一直緊追在後，牠一爪抱著樹，一爪來抓老婦人，老婦非常著急，便趁著抱住樹時，將熊的兩爪也按在樹上，熊因此無法動彈，恰好一人經過此處，老婦對他說：「我們一起捕殺這熊，平分其肉。」那人就相信老婦的話，上前一同按住熊爪，不料老婦人突然逃離，將熊的問題丟給這人，此人就被困住了。

智慧小語　逃避並不能解決問題，生活中我們理應勇往直前，共同奮鬥才是。

精進篇

人的心中都有善念的種子，
在它萌發時就如同一盞燈點亮，每天都遭受各種誘惑，
這盞燈也因之搖搖欲墜，
但在人世中我們該依循善知識，
讓這盞燈更加光明，照亮我們的心扉。

01

鬼怕惡人

佛典

昔有五道人具行，道逢雨雪，這一神寺中宿。舍中有鬼神形像，國人吏民所奉事者。四人言：「今夕大寒，可取是木人燒之用炊。」一人言：「此是人所事，不可敗！」便置不破。此室中鬼常啖人，自相與語，言：「正當啖彼一人。是一人畏我；餘四人惡，不可犯。」其呵止不敢破像者，夜聞鬼語，起呼伴：「何不取破此像用炊乎？」便取燒之。啖人鬼便奔走。

《舊雜譬喻經》

譯文

五個僧人結伴趕路，在途中遇大風雪，便到路旁的神寺躲避，神寺中有地方官祭祀鬼神的木像，五人當中的四人便商議說：「今天我們又累又餓，乾脆將這木頭燒了來取暖做飯。」另一個人趕緊道：「這千萬不可，神像是給人供奉的，怎能燒來取暖。」說著，就保護起神像。半夜時刻，躲在寺中的吃人鬼聽見了這五個人的對話，吃人鬼互相商量說：「這五個人當中，看來只好吃這個不敢燒神像的，因為只有他怕鬼神，另外四個夠厲害，不能惹他們。」鬼說的話，恰巧全被那個保護神像的僧人聽見，便立刻起身大叫同伴：「怎不劈柴煮飯呢？」跟著就將神像丟入火中，吃人鬼一見如此，嚇得拔腿便跑。

智慧小語

當我們面對崇敬的神明時，試問能否從木頭中找到神，無法的話當然可以拿來燒，正信的佛教不會拘泥在形象上，該找的是背後代表的意義吧。

02

果子

佛典

有二女人，俱得菴羅果。其一女人，食不留子；有一女人，食果留子。其留子者，覺彼果美，於良好田下種著中，以時灌溉，大得好果。

《大莊嚴論經》

譯文

有兩個女人，各得一顆菴羅果，其中一位，吃完就把果子扔了，另一婦女，吃完果子後，卻將果核留下來，因為覺得菴羅果味道鮮美，就將果核種在肥沃的田地，細心照料，果樹長大之後，生了許多鮮美的菴羅果。

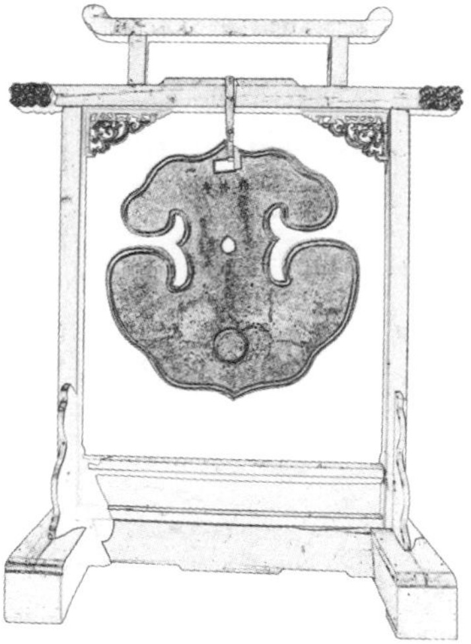

智慧小語　心念之重要，種瓜得瓜，心存善念，才會結好因緣。

03

燈喻

佛典

人於暗室然燈，照諸器物，皆悉分了；更有大燈，益復明審。則知後燈所破之暗，與前燈合住；前燈雖與暗共住，而亦能照物；若前燈無暗，則後燈無所增益。

《大智度論》

譯文

人們在黑暗的屋中，點起一盞燈，可以照亮屋內的東西，若點上更大一盞燈，屋裡也更加光亮。前盞燈點時還有些黑暗，但後一盞點亮時，黑暗已完全去除，雖然前盞燈尚有些烏黑處，但畢竟還能看見東西，而後一盞燈若無前盞相比較，也顯不出它的明亮。

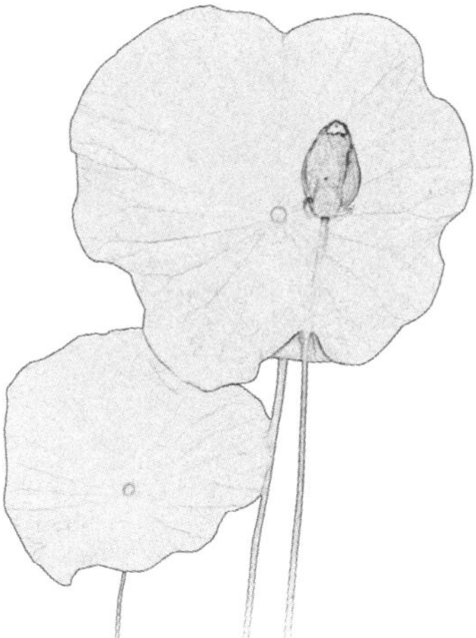

智慧小語

人的心中都有善念的種子，在它萌發時就如同一盞燈點亮，每天都遭受各種誘惑，這盞燈也因之搖搖欲墜，但在人世中我們該依循善知，讓這盞燈更加光明，照亮我們的心扉。

04

海魚的勇氣

佛典

南海卒湧大洮，越海境界，有三大魚，隨上流處在淺水。自相謂言：「我等三魚，處在厄地。漫水未滅，宜可逆上，還歸大海。」有礙水舟，不得越過。第一魚者，盡其力勢。跳舟越過；第二魚者，復得憑草越度；第三魚者，氣力消竭，爲獵者所得。第一慮未然，必當被傷害；憑草計現在，彼命得脫死：二魚俱得免，以濟危脆命。愚守少池水，受困於獵者。

《出曜經》

譯文

南海裡突然漲起大潮，將陸地都淹沒，有三條大魚被海潮沖到陸上的淺水中，魚兒商量道：「雖然現在我們困在這裡，只要趁著潮水未退，依然可以逆潮而上，回到大海。」但前面有漁船擋路，牠們不敢越雷池一步。最後，第一條魚用盡身上所有力氣，一躍而過漁船；第二條魚也利用水草中的縫隙努力鑽了過去，第三條魚雖然也很努力，可是最後時卻放棄，讓漁人給捕去了。

智慧小語

第一條魚知道若不努力必然會遭殃，奮力一躍而獲得自由，第二條魚也知要解決問題，非得使出全力才能獲救，只有在最後關頭輕言放棄的第三條魚，被漁人捕走。遇到困難，只要堅持到底，就有希望，不是嗎？

05

樂師

佛典

昔有伎兒，作種種伎樂，從一富長者乞牛。長者了無與心，故語之言：「汝能如是勤作伎樂，晝夜不息，滿一歲者，我當與汝牛。」伎兒答言：「能！」復語主人：「能聽不？」長者亦言：「能！」於是，伎兒聞是歡喜，一心作樂，三日三夜，未嘗休懈。長者厭聽，已，即敕子弟，牽牛與之。

《雜譬喻經》

譯文

從前有名樂師，能夠演奏種種美好的音樂，有次想向富翁要一頭牛，但富翁並不想給樂師，故意出難題說：「如果你能晝夜不停的演奏一年的話，我便送你一頭牛。」樂師回答說：「可以。」又問：「那你能聽嗎？」富翁回答說：「只要你能我也能。」於是樂師便三天三夜不停的演奏，富翁卻越聽越煩已經受不了，便叫人牽頭牛給樂師，打發他走了。

智慧小語

樂師爲何能得到牛？只因他堅持所堅持的，用毅力完成他的願望，這股堅持的態度，是我們該學習的。

06

法螺

佛典

昔有一國，不聞貝聲。時有一人，善能吹貝，往到彼國，入一村中，執貝三吹，然後置地。村人男女，聞聲驚動，皆就往問：「此是何聲——哀和清徹，乃如是耶？」彼人指貝曰：「此物聲也。」時彼村人，以手觸貝曰：「汝可作聲！」貝都不鳴。其主即取貝，三吹置地。時村人言：「向者美聲，非是貝力；有手、有口、有氣，吹之然後乃鳴。」

《長阿含經》

譯文

從前有個國家不曾聽過法螺吹出的聲音，有個善吹法螺的人到了此地的村莊，拿起法螺吹了三聲，然後將法螺放在地上，村裡的人們都被這聲音所驚動，跑過來問說：「這是什麼聲音，如此地婉轉悠揚？」那人便指地上的法螺說：「是它發出這聲音的。」村民碰了碰法螺，說：「你可以再發出聲音嗎？」當然法螺是發不出任何聲響的！這人才又拿起法螺連吹出了三聲，並告訴村人說：「剛才聽到悅耳的聲音，不只是法螺的力量，尚須手、口、氣三者配合，才能發出呀。」

智慧小語

許多事如同法螺一般，外在的環境都具足了，只差我們發起心願而已，事情的成敗往往在於我們肯不肯去做，難道要一輩子當個吹不響的法螺嗎？

07

蓋樓

佛典

往昔之世，有富愚人，癡無所知。到餘富家，見三重樓，高廣嚴麗，軒敞疏朗。心生渴仰，即作是念：「我有財錢不減於彼，云何頃來而不造作如是之樓？」即喚木匠而問言曰：「解作彼家端正舍不？」木匠答言：「是我所作。」即便語言：「今可爲我造樓如彼。」是時，木匠即便經地壘墼作樓。愚人見其壘墼作舍，猶懷疑惑，不能了知，而問之言：「欲作何等？」木匠答言：「作三重屋。」愚人復言：「我不欲下二重之屋，先可爲我作最上屋。」木匠答言：無有「是事！何有不作最下重屋，而得造彼第一之屋？不造第二，云何得造第三重屋？」愚人固言：「我今不用下二重屋，必可爲我作最上者。」時人聞已，便生怪笑，咸作此言：「何有不造下第一屋而得上者！」

《百喻經》

譯文

有個財主相當有錢，卻沒什麼頭腦，一天他到別的富翁家裡去，看見他三層樓的房子，富麗堂皇，十分欽羨，心裡想著：「我擁有的財富不少於他，何不找人來蓋這樣的房子呢？」回家之後就立刻叫來木匠，說：「你會蓋那棟房子嗎？」木匠說：「那是我蓋的呀。」便請他也替自己蓋一棟，於是木匠開始丈量土地、挖地基、砌起磚塊來，財主見了不明就裡的問：「你打算怎麼蓋呀？」木匠答：「當然是蓋三層樓房。」財主說：「可是我不想要下面兩層，我只要上面那層就好。」木匠：「沒這回事，下面沒建構起來，哪來的第三層呢？」這傻財主固執地說：「我用不著下面那兩層，你只要給我蓋第三層就對了。」當時的人們聽到之後，都笑說：「從沒聽過下面兩層沒建起來，上面第三層可以蓋出來的。」

智慧小語

萬事萬物皆要從基礎做起，不將地基打好，哪來舒適的第三樓呢？現代人不肯真正付出努力，卻想擁有大事業，不也是癡心妄想嗎？

08

甘蔗的種法

佛典

昔有二人，共種甘蔗而作誓言：「種好者賞；其不好者，當重罰之。」時二人中，一者念言：「甘蔗極甜。若壓取汁，還灌甘蔗樹，甘美必甚，得勝於彼。」即壓甘蔗取汁用溉。冀望滋味，返敗種子，所有甘蔗，一切都失。

《百喻經》

譯文

從前有兩個人，共同互相約定要將甘蔗種好，說：「將甘蔗種好的可以得到獎賞，種不好的要接受處罰。」其中一個人心想：「甘蔗汁相當甜美，若用來澆甘蔗田，想必種出來的甘蔗會更加甜美。這樣，我就可以贏過對方了。」於是他便用甘蔗汁來澆田，希望能長出更甜美的甘蔗來。不料，甘蔗汁腐敗了種子，所有一切都損失了。

智慧小語

揠苗助長的結果，只是徒勞無功，應當選擇正確的肥料才是，而成長之時，正確的善知，才能眞正幫助我們增長智慧啊。

09

討債

佛典

往有商人，貸他半錢，久不得償，即便往債。前有大河，雇他兩錢，然後得渡。到彼往債，竟不得見。來還渡河，復雇兩錢。爲半錢債而失四錢；兼有道路疲勞乏困：所債甚少，所失極多，果被眾人之所怪笑。

《百喻經》

譯文

昔日一位商人，借了別人半吊錢，過了很久別人都不來還錢，於是前去討債，然而必須渡過路上一條大河才能到達，就雇了船花了兩吊錢，到了對岸偏偏又沒見著這人，於是再花兩吊錢坐船回來，為了討債花了四吊錢，弄得身疲力盡。討債的錢很少，為此花費卻很多，這事因而被大家當成笑話。

智慧小語

爲了半吊錢的罣礙而奔波勞苦，爲何不放下這錢，人生豈不是輕了許多，你說是不是？

10

天眼

佛典

昔有一人，入山學道，得五通仙。天眼徹視，能見地中一切伏藏、種種珍寶。國王聞之，心大歡喜，便語臣言：「云何得使此人常在我國，不餘處去，使我藏中得多珍寶？」有一愚臣，輒便往至，挑仙人雙眼，持來白王：「臣以挑眼，更不得去，常住是國。」王語臣言：「所以貪得仙人住者，能見地中一切伏藏。汝今毀眼，何所復任？」

《百喻經》

譯文

有一人入山學道，修練多年之後得到了五種神通力，其中之一便是天眼通，能夠透視所有的一切，看見地裡埋藏的珍寶奇物，國王聽說這樣的仙人，心中高興極了，便告訴大臣說：「如何才能讓這位仙人常住我國呢？這樣我的國庫中就能有更多的寶物了。」有個愚癡的臣子，便跑去仙人那裡，挖出仙人的眼睛，拿回來稟告國王說：「我已經將仙人的雙眼挖回來，他哪裡都不能去，只能待在我們國家了。」國王說：「我希望仙人待在國中，是因為他看得見寶物，現在你將雙眼挖去，那他還能見到什麼呢？」

智慧小語

眼睛都被挖出來了，還能有天眼通嗎？不考慮事情的後果，魯莽行事，後果只有失敗而已。

11

半餅解饑

佛典

有人因其飢故，食七枚煎餅。食六枚半已，便得飽滿。其人恚悔，以手自打而作是言：「我今飽足，由此半餅；然前六餅，唐自捐棄。設知半餅能充足者，應先食之。」

《百喻經》

譯文

有個人因為相當飢餓，煎了七塊餅來吃，等到吃第六個半時，肚子便飽了，卻突然懊悔起來，一邊用手打自己耳光，一邊說：「我現在吃飽是因為這半塊餅，但之前的六塊餅卻讓我白白蹧蹋，要是知道吃這半塊餅可以飽，就應該先吃它才對。」

智慧小語

試想沒有前面六塊半的餅充飢，這最後半塊能給我們飽的感覺嗎？而若無辛勤的努力，能有後來甜美的果實嗎？

12

五主之婢

佛典

五人共買一婢。其中一人，語此婢言：「與我浣衣。」次有一人，復語「浣衣」。婢語次者：「先與其浣。」後者恚曰：「我共前人同買於汝，云何獨爾？」即鞭十下。如是，五人各打十下。

《百喻經》

譯文

有五個人共同買了一個女婢，其中一人對她說：「來替我洗衣服。」又有一人對她說：「來替我洗衣服。」女婢便說：「我得先幫第一個洗衣服。」後面那一位就生氣說：「我跟他合買了你，為何要先洗他的？」於是便鞭打她十下，一人打十鞭，女婢共捱了五十鞭。

智慧小語　多頭馬車的指揮，只會讓事情更加混亂，無法達成目標。

13

治病的山雞肉

佛典

昔有一人，病患委篤。良醫占之云：「須恆食一種雉肉，可得癒病。」而此病者，市得一雉，食之已盡，更不復食。醫於後時，見便問之：「汝病癒未？」病者答言：「醫先教我恆食雉肉，是故今者食一雉已盡，更不敢食。」醫復語言：「若前雉已盡，何不更食？汝今云何止食一雉，望得癒病？」

《百喻經》

譯文

從前有個生病的人，病情嚴重，一個替他看病的醫生說：「必須每天吃一隻山雞，如此才可使病痊癒。」但這病人買了一隻山雞，吃完之後便不再買，後來醫生碰到他便問說：「你的病好了嗎？」病人回答說：「之前醫生跟我說要常吃山雞肉，但我吃了一次就沒再吃了。」醫生說：「既然第一隻山雞已吃完，為何不繼續再吃呢？難道只吃一隻山雞，你就期望病能好嗎？」

智慧小語

儘管知道要持之以恆吃山雞病況才會好起，但不認眞執行，就如同有美麗的願景，卻不知實踐力行，有願還要有力，願力相輔相成，理想與事實方能圓融一致。

14

馬尾的顏色

佛典

昔有一人，騎一黑馬，入陣擊賊。以其怖故，不能戰鬥，便以血污塗其面，詐現死相，臥死人中。其所乘馬，為他所奪。軍眾既去，便欲還家，即截他人白馬尾來。既到舍已，有人問言：「汝所乘馬，今為所在？何以不乘？」答言：「我馬已死，遂持尾來。」傍人語言：「汝馬本黑，尾何以白？」默然無對，為人所笑。

《百喻經》

譯文

從前有個軍人，騎了一匹黑馬上戰場與敵人廝殺，但是這軍人非常膽小，不敢和敵人正面交鋒，於是他用污血塗抹在自己的臉上，在戰場中的死人堆中裝死，騎乘的馬匹則被敵人所奪。戰爭告一段落之後，便想偷偷回去，又怕人家問他的馬在哪裡？就趁人不注意之時，割了一匹白馬的尾巴收好。回到自己的營區之後，有人就問他：「你之前騎的馬兒在哪裡，怎麼不騎了呢？」他回答說：「我的馬兒戰死了，這是牠的尾巴。」旁人注意到其中的不同就問：「你的馬不是黑的嗎？為何現在變成白的了？」他羞愧得無言以對，成為眾人恥笑的對象。

智慧小語

每個人都有每個人的職責，努力扮演好自己，才對得起自己，軍人是捍衛家園的保障，如此貪生怕死，豈能有一番作爲。

15

播種的方法

佛典

昔有野人，來至田裏，見好麥苗，生長郁茂。問麥主言：「云何能令是麥茂好？」其主答言：「平治其地，兼加糞水，故得如是。」彼人即便依法用之：即以水糞，調和其田；下種於地。畏其自腳蹈地令堅，其麥不生。「我當坐一牀上，使人輿之，於上散種，爾乃好耳」。即使四人，人擎一腳，至田散種；地堅愈甚。爲人嗤笑：恐己二足，更增八足。

《百喻經》

譯文

有個呆子看見別人的稻麥長得那麼好，一片青蔥茂盛，便向田主人問道：「請問你是怎麼將這些稻麥種得這麼好？」主人回答說：「首先要將田地整埋好，再來就是要懂得施肥灌溉，如此麥苗才會長得好。」於是呆子便按照這樣的方法整理田地、施肥灌溉，正準備播種的時後，害怕自己把田地給踩硬了，心想：「不如我坐在椅上，從上面播種，這樣似乎更好。」就找來四個人，各抬著椅子一腳，呆子就坐在上面到田裡播種，但田地卻因此被踩得更硬了，眾人便笑他，害怕自己的兩隻腳踩，現在反而成了八隻腳在踩。

智慧小語

迷惘的煩惱，沒有智慧的煩惱，反而只會適得其反。

16

大雁與龜

佛典

水邊有二雁與一龜，共結親友。後時，池水涸竭，二雁作是議言：「今此池水涸竭，親友必受大苦。」議已，語龜言：「此池水涸竭，汝無濟理。可銜一木；我等各銜一頭：將汝著大水處。銜木之時，愼不可語！」即便銜之。經過聚落，諸小兒見，皆言：「雁銜龜去！雁銜龜去！」龜則嗔言：「何預汝事！」即便失木，墮地而死。

《法苑珠林》

譯文

在湖邊住著兩頭野雁與一隻烏龜，由於相比為鄰，交情甚篤，後來湖邊漸漸乾涸，野雁們就說：「現在湖水就快乾涸，我們可就要吃苦受難了。」商量之下，就對烏龜說：「湖水就快乾了，這樣你就無法生活了，不如你叼著木頭，我倆再各叼住木頭一端，將你帶到有水的地方，可是叼著木頭之時，你絕對不能講話。」於是便用此法，將烏龜帶離此處，在經過村莊時，孩童見到野雁與烏龜在天上飛，都說：「大雁把烏龜叼去了，大雁把烏龜叼去了。」烏龜很生氣說：「這關你們什麼事啊！」但一張口，就掉落地上摔死了。

智慧小語

太罣礙外在的事物，是無法順利完成事物的，做事一旦立定志向，便該勇往直前，堅持下去，否則就會如同烏龜一樣的失敗。

17

找水的呆子

佛典

過去有人，癡無智慧。極渴須水，見熱時炎，謂爲是水，即便逐走，至辛頭河。

既至河所，對視不飲，傍人語言：「汝患渴逐水，今至水所，何故不飲？」

愚人答言：「若可飲盡，我當飲之，此水極多，俱不可盡，是故不飲。」

爾時眾人，聞其此語，皆大嗤笑。

《百喻經》

譯文

從前有個愚癡無比的呆子，他非常口渴，一直想要找水喝，看見遠方的蒸氣形成的海市蜃樓，以為是水，急忙跑到時卻發現只是幻影，又走了一段很長的路到辛頭河口，望著滔滔河水卻不喝了，別人就問他說：「你不是很渴嗎？為何到了這裡卻不喝水了？」呆子回答說：「如果我可以喝得完，早就喝了，這裡的水這麼多，怎麼喝都不可能喝完，所以我不喝。」眾人聽完，無不哈哈大笑。

智慧小語

「三千弱水，只取一瓢。」我們一生能擁有多少東西，夠用就好了，何必全部佔爲己有呢？

國家圖書館出版品預行編目資料

佛經寓言的智慧／王雅慧編著.
—— 二版. —— 臺中市：好讀, 2009.10
面：　公分，——（寓言堂；03）
ISBN 978-986-178-133-4（平裝）

224.515　　98014088

好讀出版

寓言堂　03

佛經寓言的智慧

編著／王雅慧
總編輯／鄧茵茵
文字編輯／莊銘桓
美術編輯／黃寶慧
內頁設計／鄧年亨

發行所／好讀出版有限公司
台中市407西屯區何厝里19鄰大有街13號
TEL:04-23157795　FAX:04-23144188
http://howdo.morningstar.com.tw
（如對本書編輯或內容有意見，請來電或上網告訴我們）
法律顧問／甘龍強律師
承製／知己圖書股份有限公司 TEL:04-23581803

總經銷／知己圖書股份有限公司
http://www.morningstar.com.tw
e-mail:service@morningstar.com.tw
郵政劃撥：15060393 知己圖書股份有限公司
台北公司：台北市106羅斯福路二段95號4樓之3
TEL:02-23672044　FAX:02-23635741
台中公司：台中市407工業區30路1號
TEL:04-23595819　FAX:04-23597123

初版／2001年7月
二版／2009年10月15日
定價：250元
特價：139元
（如有破損或裝訂錯誤，請寄回知己圖書台中公司更換）

Published by How Do Publishing Co., Ltd.
2009 Printed in Taiwan
ISBN 978-986-178-133-4

讀者回函

只要寄回本回函，就能不定時收到晨星出版集團最新電子報及相關優惠活動訊息，並有機會參加抽獎，獲得贈書。因此有電子信箱的讀者，千萬別吝於寫上你的信箱地址

書名：**佛經寓言的智慧**

姓名：＿＿＿＿＿＿ 性別：□男 □女 生日：＿＿年＿＿月＿＿日

教育程度：＿＿＿＿＿＿＿＿＿＿

職業：□學生 □教師 □一般職員 □企業主管
□家庭主婦 □自由業 □醫護 □軍警 □其他＿＿＿＿＿＿

電子郵件信箱（e-mail）：＿＿＿＿＿＿＿＿＿＿＿＿ 電話：＿＿＿＿＿＿

聯絡地址：□□□ ＿＿＿＿＿＿＿＿＿＿＿＿＿＿＿＿＿＿＿＿

你怎麼發現這本書的？

□書店 □網路書店（哪一個？）＿＿＿＿＿＿＿＿ □朋友推薦 □學校選書
□報章雜誌報導 □其他＿＿＿＿＿＿＿＿＿＿＿＿＿＿＿＿

買這本書的原因是：＿＿＿＿＿＿＿＿＿＿＿＿＿＿＿＿＿＿＿

□內容題材深得我心 □價格便宜 □面與內頁設計很優 □其他＿＿＿＿＿＿

你對這本書還有其他意見嗎？請通通告訴我們：

＿＿＿＿＿＿＿＿＿＿＿＿＿＿＿＿＿＿＿＿＿＿＿＿＿＿＿＿＿＿

你買過幾本好讀的書？（不包括現在這一本）

□沒買過 □1～5本 □6～10本 □11～20本 □太多了

你希望能如何得到更多好讀的出版訊息？

□常寄電子報 □網站常常更新 □常在報章雜誌上看到好讀新書消息
□我有更棒的想法＿＿＿＿＿＿＿＿＿＿＿＿＿＿＿＿＿＿＿＿

最後請推薦五個閱讀同好的姓名與E-mail，讓他們也能收到好讀的近期書訊：

1. ＿＿＿＿＿＿＿＿＿＿＿＿＿＿＿＿＿＿＿＿＿＿＿＿＿＿＿
2. ＿＿＿＿＿＿＿＿＿＿＿＿＿＿＿＿＿＿＿＿＿＿＿＿＿＿＿
3. ＿＿＿＿＿＿＿＿＿＿＿＿＿＿＿＿＿＿＿＿＿＿＿＿＿＿＿
4. ＿＿＿＿＿＿＿＿＿＿＿＿＿＿＿＿＿＿＿＿＿＿＿＿＿＿＿
5. ＿＿＿＿＿＿＿＿＿＿＿＿＿＿＿＿＿＿＿＿＿＿＿＿＿＿＿

我們確實接收到你對好讀的心意了，再次感謝你抽空填寫這份回函
請有空時上網或來信與我們交換意見，好讀出版有限公司編輯部同仁感謝你！
好讀的部落格：http://howdo.morningstar.com.tw/

請填妥後對折黏貼，直接投郵即可，無須貼郵票。

廣告回函
臺灣中區郵政管理局
登記證第3877號
免貼郵票

好讀出版有限公司　編輯部收

407 台中市西屯區何厝里大有街13號
電話：04-23157795-6　傳真：04-23144188

沿虛線對折

購買好讀出版書籍的方法：

一、先請你上晨星網路書店http://www.morningstar.com.tw檢索書目或直接在網上購買

二、以郵政劃撥購書：帳號15060393 戶名：知己圖書股份有限公司
並在通信欄中註明你想買的書名與數量

三、大量訂購者可直接以客服專線洽詢，有專人為您服務：
客服專線：04-23595819轉230 傳真：04-23597123

四、客服信箱：service@morningstar.com.tw